法治中国的文化根脉

官蕊・主编

人民日报出版社

图书在版编目 (CIP) 数据

法治中国的文化根脉 / 官蕊主编 . — 北京 : 人民日报出版社，2023.5

ISBN 978-7-5115-7791-7

Ⅰ . ①法… Ⅱ . ①官… Ⅲ . ①社会主义法治 - 建设 - 研究 - 中国 Ⅳ . ① D920.0

中国国家版本馆 CIP 数据核字（2023）第 078055 号

书　　名：法治中国的文化根脉
FAZHI ZHONGGUO DE WENHUA GENMAI
主　　编：官　蕊

出 版 人：刘华新
责任编辑：谢广灼　张雪原
装帧设计：沈家盟

出版发行：人民日报出版社
社　　址：北京金台西路 2 号
邮政编码：100733
发行热线：（010）65369509　65369527　65369846　65363528
邮购热线：（010）65369530　65363527
编辑热线：（010）65369521
网　　址：www.peopledailypress.com
经　　销：新华书店
印　　刷：北京盛通印刷股份有限公司

开　　本：880 毫米 ×1230 毫米　1/32
字　　数：162 千字
印　　张：8.5
版次印次：2023 年 8 月第 1 版　2023 年 8 月第 1 次印刷

书　　号：ISBN 978-7-5115-7791-7
定　　价：49.00 元

目录

第一章

出礼入刑、隆礼重法的治国策略

礼以道其志，乐以和其声，政以一其行，刑以防其奸。礼乐刑政，其极一也，所以同民心而出治道也。

——《礼记·乐记》

中华文化源远流长，在中国古代国家治理体系中，礼和法均是中国传统自生的概念。“礼”源于儒家，从上古社会到春秋战国时期，“礼”经历了由萌芽雏形到“为政天下”再到“礼崩乐坏”的过程，“礼治”因其显著的治国效果被后世视为制度典范和古人的政治理想道德追求。“法”出自法家，在古汉语中比“礼”出现得晚，是维持政令统一、行为规范和秩序一致的强制性工具。

在中华五千年文化中，礼和法是国家治理的两大基石，同为中国传统政治的基本范畴，二者相互渗透、有机结合，经历了三个历史阶段：第一阶段，夏商周时期的礼法一体，法蕴含在礼之中；第二阶段，春秋战国至秦代的礼法分离，礼法各自独立；第三阶段，西汉以后的礼法合流，礼法趋于统一。“礼法合治”成了中国历朝历代鼎盛时期的政治典范，形成了独具特色的中华法文化。

党的十八大以来，以习近平同志为核心的党中央高度重视“礼法合治”与现实需求的有机统一，提出了一系列新理念、新策略，传统“礼法合治”的现代转型契合了我国社会主义法治国家建设的需求。新时代，将“礼法合治”的治国理政经验融入法治中国建设，实质上是把法律规范和道德规范统一起来，以法的强制力量来推行礼的规范，以礼的教化力量来加强法的作用。因此，全面依法治国不能脱离中国传统礼制，我们要将“礼法合治”理念与马克思主义国家治理理论有机结合，建立一种相互补充、互为支撑的社会秩序机制，为新时代法治中国建设提供重要的历史借鉴。

第一节　礼从远古走来

礼的起源十分久远，对中华文化的影响非常大。在甲骨文中，礼写作“豊”，下半部分的“豆”代表器物，是祭祀活动中使用的盛盘，上半部分的“曲”代表两串玉放在容器里，整个“豊”字的意思是用最贵重的东西送给神作礼物，呈现的是举行祭祀仪式的过程。随着文字的发展，有的金文在“豊”旁再加“示”，成为“禮”，强调“祭拜”的重要性；有的金文加“酉”旁，成为“醴”，代表要以美玉、美酒祭天敬神。随着生产力的发展，礼的规则也不断趋于具体细致、系统，从宗教领域逐步扩展到政治、法律和社会伦理领域，并最终发展成为中国古代维持社会、政治、伦理秩序，调整人与人之间各种社会关系的规范与准则，发挥着多方面的社会控制作用。总之，我国古代的“礼”相当于道德、宗教、礼仪、伦理的综合体。

一、礼起于祭

礼的起源可以一直追溯到原始社会。在原始社会的中晚期，随着生产力的不断发展和人们对社会秩序的渴求，礼逐渐萌芽了，当然，那时的礼仪还非常简单和虔诚，只是在人类互相依赖又互相制约的群体生活中逐步积累和自然约定而成，不具有阶级性。

《礼记·礼运》有云：“夫礼之初，始诸饮食。”意思是：礼最初产生于人们的饮食活动，饮食活动中的行为规范是礼制的发端。原始社会由于生产力非常低下，个人能力有限，因此，人类只能群居生活，以狩猎为生，通过相互保护、相互依存来维持最基本的生存。但是当打了猎物回来之后，就会出现一个大难题——如何分配食物。如果群体中有几个蛮不讲理并且力大无比的主儿抢夺食物，只管自己独享，不顾他人死活，那不就乱套了吗？不仅容易引起纠纷，更不利于族群的繁衍壮大。基于这个难题的出现，人们便开始思考设计规矩以解决纠纷，这个规矩就是分食顺序。当时的人们自然想到同一血缘关系的族群中有分工之别和长幼之序，按照分工和长幼顺序分食猎物就会减少纠纷，比如，首领吃多少，猎手吃多少，老人吃多少，孩子吃多少……久而久之，人们意识到，在与自然的斗争中，人必须组成群体，而要维持这个自然形成的群体，就必须有一种对大家有制约作用的规范，这种规范就成为原始社会最初的“礼”。这种礼可以调整群体内各类人的关系，解决诸多矛盾。

在日复一日、年复一年的群居生活中，人们又开始琢磨一系列生存问题。为什么有时可以猎到食物，有时却两手空空？为什么有时风调雨顺，有时却灾难频发？怎样才能丰衣足食，使子孙后代平安顺利地度过一生？基于当时人类的认知能力，没有人能很好地回答这些问题。因此人们认为，世间的一切活动都是上天神灵安排决定的，神灵有主宰一切的力量，只有把神灵“招呼”好了，才能得到庇佑，才能丰衣足食。那么，问题来了，谁是神灵？其实大家都没有见过。但那时的人认为，人去世后的灵魂会与天地之神共生，甚至能和神灵对上话；只要侍奉好先人，先人就会跟神灵沟通，降福于后人。如何才算侍奉好先人呢？俗话说，民以食为天，古人认为，不仅活着的人需要食物，去世的人和神灵也离不开食物，要拿出自己最珍贵的食物毫无保留地奉献给神灵，才能得到福报。于是，人们开始通过宰杀牛、猪、羊等珍贵的牲畜来拜神，这就是祭祀的雏形。而且，这些拜神活动三五天一小搞，年年一大搞，今天打鱼就祭拜水神，明天打猎就祭拜山神。古人想通过这种隆重的仪式向神灵表达虔诚的崇拜之情，于是“祭祀”成为社会性的、经常性的活动，“礼”也逐渐成为先人自觉遵守的习惯，有些甚至发展成为具有强制力的行为规范。

随着时间的推移，祭祀的方式方法也越来越繁杂，比如，祭山神时约定禁止春季砍伐；祭水神时约定禁止汛期捕鱼；祭祀时要庄重虔诚，禁止嬉戏打闹；等等。这些“礼仪”经过漫长的历史发展，逐渐被规范化，并成为较为固定的社会活动，其内容大致包括：区别部族内部尊卑等级的礼制、祭天敬神的祭典仪式、明确血缘关系的婚嫁礼仪、人们的相互交往中表示礼节和表示恭敬的动作等。如今，在我国有些地区的日常生活和社会交往中，仍然印刻着上古时期“礼”的痕迹。

二、礼成于周

在原始社会，国家还未产生，此时的“礼”用我们今天的法律术语来讲叫作“习惯法”。当中国的历史进入奴隶社会之后，“礼”迎来了一个繁荣阶段，这就是夏商周时期。随着第一个奴隶制国家——夏朝的建立，礼从习惯法发展成了社会规范，即“夏礼”，“夏礼”是中华礼仪之邦的奠基。夏的礼制，无论从内容和形式上都是以“神”为核心，为了表达对神的敬重，夏朝用“玄酒”[①]和“明水”[②]祭祀神灵。与后世的大手笔相比，夏礼显得质朴实在，这无疑与其开创者——大禹的品性密切相关。

从现存史料上看，殷礼相较于夏礼而言就繁杂残暴得多了。在殷商时期，往往一场声势浩大的祭祀活动下来，要陪葬大量的金银珠宝、牲畜家禽，甚至还会处死或者活埋奴隶、平民乃至贵族。

周朝建立初期，周公旦主持了一次大规模的制定礼制工作，在总结商朝灭亡教训的基础上，周统治者认识到治理国家需要调整规范体系，于是，周礼以“亲亲”[③]“尊尊”[④]原则为基准，对夏礼和殷礼进行了整合取舍，废除了惨无人道的“人牲”和“人殉”，将礼分为“吉、凶、军、宾、嘉”五种仪制，形成了一套完整的礼典——周礼。

周礼的内容非常丰富，仪式非常隆重，需要与乐相配，所以被合称为“礼乐”。具体来讲，“礼”强调的是“别”，即“尊尊”，要尊重在尊位的人；“乐”的作用是“和”，即“亲亲”，要亲近应该亲近的人。有别有和，是巩固周朝民众内部团结的

---

① 玄酒是指从清澈的河里取来的纯水，色深黑，故称为“玄酒”。以“酒”名之，表示对神灵的敬重。

② 明水是指用铜鉴从草叶上取下的晶莹的露珠。

③《礼记·大传》。

④《礼记·大传》。

两个重要方面。此次中国历史上重大的礼制制定工作，使西周的国家制度、社会制度，乃至人们的生活和思想言行，都以礼为依据，使自尧、舜、禹以来的传统之礼得到极大程度的理论提升。在这一奴隶制社会阶段，中国第一次形成了比较系统完整的国家典章制度，大到宗法制、分封制和国家重大活动的制度礼仪，小到人的婚姻、丧事、成人礼仪、祭祀活动等，几乎涵盖了整个社会的意识形态，故有“礼仪三百，威仪三千”[①]“经礼三百，曲礼三千”[②]之说。至此，以诗、书、礼、乐、刑、政为代表的华夏文明进入制度化的“礼”时代，这些制度对后世中华文化产生了巨大而深远的影响。

礼制的普及，强调了秩序的重要性。有了秩序，国家才不会乱。尽管自周后中国两千多年的历史长河中，朝代更替，但西周时的许多礼制仍被传承下来。比如，婚姻制度中的“六礼”和“七出三不去”原则就对后世影响深远。在古时候，很少有现如今的“闪婚”现象，因为没有经过“六礼”的婚姻是不成体统、不合礼制的。

何为“六礼”？指从议婚至完婚过程中的六种礼节。第一礼：纳采，即男方家庭托媒人寻找合适的女子作为婚配对象，并带着礼物到女方家去提亲，在征得女方家族同意后行“采择

---

①《礼记·中庸》。

②《礼记·礼器》。

之礼”；第二礼：问名，即求婚男子请媒人询问女方的姓氏和出生年月；第三礼：纳吉，即男方问得女方姓名和生辰八字后，回宗庙进行占卜，以确定是否适合婚配；第四礼：纳征，即男方带聘礼送至女方家；第五礼：请期，即男方选定迎娶之日后，派媒人前往女方家作最终商议；第六礼：亲迎，即男方正式前往女方家迎娶女方。有“六礼”的要求，如果没个一年半载，这媳妇儿是娶不进家门的。“六礼”中的纳征、请期、亲迎在现代社会的结婚习俗中仍然普遍存在。

何为“七出三不去”？按照现在的法律术语来解释，“七出”就是丈夫可以单方无责解除婚姻的七种法定情形：1.“不顺父母”，即妻子不孝顺父母；2.“无子”，即妻子无子嗣；3.“淫”，即妻子淫乱；4.“有恶疾”，即妻子有严重疾病；5.“多言”，即妻子多嘴多舌；6.“妒”，即妻子好妒忌；7.“盗窃”，指妻子擅自动用家庭财产。但是，有三种情形丈夫不可以休妻，即“三不去”：1.“有所取无所归”，即妻子被休后无家可归的；2.“与更三年丧”，即妻子为公婆服过三年大丧的；3.“前贫贱后富贵”，即结婚时男方穷，结婚后变富有的。“三不去”的出发点并不是真正保护妻子的权利，而是为了维护家族和社会的稳定，为了维护“礼制”，最终目的还是为统治阶级服务。

三、礼崩乐坏

周朝末年，周王室的影响力和地位大打折扣，直辖领地锐减，各诸侯国由于实力大增，开始不听天子号令，甚至公开与天子兵戎相见，发动兼并战争，此时的周天子也逐渐担负不起天下共主的责任了。如果按照西周礼制，应“礼乐征伐自天子出”[①]，然而，到了春秋战国时期，则不断发生“礼乐征伐自诸侯出”[②]的现象。尤其自周幽王烽火戏诸侯及周平王东迁以来，周朝的礼已经管不住各地诸侯了，社会矛盾开始激化，纲纪紊乱，违礼、僭礼之事层出不穷，周礼的权威受到了极大的破坏，西周的宗法制受到极大的冲击，社会秩序混乱不堪。上至君王，下至百姓，慢慢将周礼抛诸脑后，一切都朝着利益最大化的大道狂奔，礼乐文明下的社会道德开始沦丧，周朝的礼乐文明开始退出历史舞台，整个社会逐渐呈现“礼崩乐坏”的局面。春秋时期的诸国征战中，儿子杀老子的、驱赶兄弟的不计其数，根本不把礼义当回事。正如《史记》所言：“弑君三十六，亡国五十二，诸侯奔走不得保其社稷者不可胜数……臣弑君，子弑父，非一旦一夕之故也，其渐久矣。”[③]

---

① 《论语·季氏》。

② 《论语·季氏》。

③ 《史记·太史公自序》。

周礼之所以会“崩”“坏”，孔子给出了他的答案。他认为周礼仅关注到了“礼”作为道德的外在表现，而忽视了“仁”作为道德的内在根据。如何挽救这个价值失范的时代？孔子开出了药方——克己复礼，天下归仁。《论语》中最直接表现孔子“仁”“礼”关系观的典故是“颜渊问仁”。“颜渊问仁，子曰：‘克己复礼为仁’。一日克己复礼，天下归仁焉！为仁由己，而由人乎哉？”[①] 意思是：能够克制和约束自己，让自己的行为恢复到礼的要求上，这就是仁。如果有一天大家都能这样做了，那么天下的一切就会归于仁了。做仁义的事情是完全靠自己的，难道还能靠别人吗？

至此，继周公之后，孔子在“礼”的观念上的最大突破，就是为礼找到了一个价值依据，这个依据不是鬼神，更不是天命，而是“仁”。在孔子看来，“礼”和“仁”是一个事物相辅相成的两个方面，以仁释礼、用仁充实礼才是道德生活的内核。正如孔子所说，“人而不仁，如礼何？人而不仁，如乐何？”[②] 一个没有仁德的人，还谈什么“礼”和“乐”呢？儒家之礼通过以仁释礼，重新挖掘礼的深层内涵，把强制性的硬性规定提升为生活的自觉理念，将内心的道德和外在的强制力融为一体，从现代的视角来看，这不仅仅是一种情感诉求和伦理原则，更

---

① 《论语·颜渊》。

② 《论语·八佾》。

是一种精神境界。

关于德与礼的作用，孔子有着极为深刻的见解："道之以政，齐之以刑，民免而无耻；道之以德，齐之以礼，有耻且格。"[①] 意思是：用政令来引导百姓，使用刑罚来约束老百姓，老百姓只是求得免于犯罪受惩，而不会有廉耻之心；如果用道德教化引导百姓，用礼制去规范百姓的言行，百姓不仅会有羞耻之心，而且会自觉地纠正自己的错误。但由于孔子提倡的"礼法合治"与当时群雄并起、争夺天下的大形势格格不入，因此没有一个国家的统治者采纳孔子的主张也就在意料之中了。

事实上，春秋战国时期的礼乐并未彻底崩坏，仍有少数对礼制无比热爱的"铁粉"在大环境中苦苦硬撑，甚至在战争中，都有人要严格遵守刻板的"军礼"。

所谓的"军礼"指古代战争中的一套礼仪。与现代战争不同，古时候打仗就跟"约会"差不多，两国军队要约好时间地点，双方必须准时抵达地点，谁都不能迟到或者放人鸽子，否则是要遭受道德谴责的。等两军完全规规矩矩排兵布阵后，开始互通姓名，然后老老实实一对一进行对战，"兵对兵，将对将"，击鼓进军，鸣金收兵。而且打仗的时候，双方要光明正大，不能搞偷袭，不能耍计谋，谁的胳膊粗拳头硬，谁就是"老大"，胳膊不粗拳头不硬的一方必然败下阵来，得胜一方便

① 《论语·为政》。

趁势而上肉搏厮杀，不敌对手的一方溃逃几十里，进行到这一步时，这仗就打完了。具体说来，那时的“军礼”要遵守四条规则。

第一，要师出有名。即便是一国之君，也不能随心所欲地发动战争。要打仗，就得找个理由。有些国家为了找个打仗的理由，一憋就是好几年，逮到一个勉强说得过去的出兵理由才发动战争。例如，公元前656年，齐桓公为了压制势力范围不断扩大的楚国，就想率领诸侯联军围攻楚国，但是找个什么理由出兵呢？齐桓公想破了脑袋才终于想到一个牵强的借口：楚国好多年都没向周朝王室进贡苞茅（一种茅草）了，所以我大齐国要好好教育一下你们。第二，战场上，不能攻击已经受伤的人。也就是说，对方已经被打得没有还手之力，对你已经构不成威胁了，你就不能把人往死里打。第三，战场上，不能抓捕头发花白的老年兵，要尊老。这条规定也能在我国现行刑法中找到缩影，例如，75岁以上老人犯罪，一般在量刑上会有特别规定。第四，一方军队的阵列没有排好，对方就不能展开进攻，一定要等两方军队完全排好阵列后，才能开战。

正是在“军礼”制度的约束下，中国的军事战争在长达六七百年的漫长时间里，都呈现出“礼义之兵”的优良传统。光明正大、公平决战是其核心精髓，双方比拼的是勇气和实力，任何形式的欺诈偷袭、乘人之危等都是“军礼”所不允许的不道德行为。从这一点上来说，春秋时期的“泓水之战”可谓遵循“礼义之兵”的典型。

公元前638年，宋襄公企图称霸中原，率领诸侯联军在泓水一带与楚军厮杀决战。当楚军还在渡河的时候，宋军就已经在泓水北岸提前列好阵势备战。这时候，宋襄公手下一将领再三建议：趁楚军还在渡河，队伍松散无序之际实施进攻，打楚军一个措手不及。可宋襄公偏不，打仗怎么能犯规作弊呢？对方都没有准备好怎么能开战呢？乘人之危不是违反了“军礼”吗？宋襄公坚决不采纳突袭的建议，坚持要等楚军完全渡过泓水列好阵势后再开战。左等右等，等到楚军完全渡过泓水，优哉游哉地排兵布阵后，宋襄公才下令进攻。接下来的战局发展便可想而知了，绝对实力处于劣势的宋军哪里是楚军的敌手，本是占得先机的宋军大败于楚军，死伤惨重。宋襄公黯然神伤，重伤之下不得不退走，将中原霸权拱手相让。这场战事直接把宋国打成了一个二流国家。

从现代作战视角来看，宋襄公刻板地遵守战争礼仪的行为真是极度迂腐可笑，但在当时，深受礼文化熏陶的宋襄公可不是这么想的，他认为打仗当然要讲“仁义”、守“军礼”，决不能乘人之危、击人之短。然而，周礼的“铁粉”还是太少，力量也太过薄弱，终归抵挡不住“礼崩乐坏”如洪水猛兽般的强大攻势。

第二节　“孝公之问”的答案

经过春秋时期旷日持久的争霸，诸侯国数量从春秋初期的140多家直线下降到战国初期的20多家。公元前403年，周威烈王册命韩、魏、赵三家位列诸侯，至此战国七雄局面正式形成。为了掠夺土地和人口，七雄之间混战不止，而此时的秦国已经吃了两百多年的“老本”了。自秦穆公把秦国带进“春秋五霸”之后，秦国经历了15代国君，这15位国君碌碌无为了两个多世纪。在这两个多世纪里，秦国发生了内战、手足相残等现象，把本就不怎么强大的秦国整得民不聊生、岌岌可危。这时的秦国虽然还是“雄”，但与其他“六雄”相比，地小民贫，也很少参与中原大事，自然不受待见。面对随时都有可能被吞并的危险，历史的车轮来到了公元前361年，秦孝公闪亮登场了。他借鉴李悝变法给魏国带来进步的经验，决心励精图治，变法图强，拯救秦国。历史关头，一个扭转局面的人物出现了，这个人就是商鞅，商鞅揣着李悝的《法经》奔赴秦国，和秦孝公大谈变法的重要性，向秦孝公提出“主张法家，反对礼治”的基本治国思想。因为变法成功，商鞅成了秦孝公身边的大红人，两人同心同德，推行变法，变法后的“大秦”也是日新月异，繁荣富强。《商君书·定分》记载了一段秦孝公与商鞅之间关于法治的经典对话。

商鞅开启变法大幕之初，秦孝公问道：“法令以当时立之者，明旦欲使天下之吏民，皆明知而用之，如一而无私，奈何？”[①]意思是：新的法令制定出来之后，如何才能让全国的官吏和老百姓都能做到知法、懂法、用法，法令上下一致而没有奸私呢？这一问被后世法学家称为“孝公之问”。面对秦孝公的困惑，商鞅的回答是：“事皆决于法”。商鞅的回答可以对应我们都非常熟悉的“有法可依、有法必依、执法必严、违法必究”。

一、皆有法式

商鞅在秦国的变法一共有三次，第一次是公元前359年在秦国推行《垦草令》，这是初步试验；第二次是公元前356年，主要变法内容是奖耕战；第三次是公元前350年，主要内容是政治体制改革。这三次变法，涵盖了秦国的政治、经济、军事、文化和法制本身，是一次全面深刻的变革。

政治变法方面：其一，废除分封制，建立县制，后来发展

①《商君书·定分》。

为县上设郡，统称为郡县制；其二，迁都咸阳，把秦国东出的指挥中心东移，方便了后来的兼并统一战争；其三，废除世卿世禄制，实行军功爵制，对严刑峻法进行缓冲，直接把奴隶主拉下神坛。什么是世卿世禄制？卿和禄是对古代高级官吏的称呼。世卿就是天子或诸侯国君之下的贵族，世世代代、父死子继。世禄就是官吏们世世代代、父死子继，享有所封的土地及其赋税收入。总之，当时的诸侯、卿大夫的爵位、领土等都是可以世袭的。

经济变法方面：其一，废除井田制，废除土地国有制，开阡陌封疆，承认土地私有，允许土地自由买卖；其二，以农业为本，奖励耕织，奖励垦荒，奖励耕织大户；其三，抑制商业，限制商人经营范围，重征商税；其四，统一度量衡；其五，编制户口，五家为伍，十家为什，所有秦人都要登记，并领取“身份证”，这为《连坐法》的实施准备了条件。另外，生了小孩要登记，死亡人口要除名，官吏要经常检验户口，按户口和人口征收军赋，对人口外流也起到了抑制作用。

军事变法方面：其一，奖励军功，建立二十等军功爵制；其二，禁止私斗，杜绝内耗；其三，奉行“多劳多得”。在秦国，凡是在战争中建功立业的人都会受到奖励，而且奖励的力度还很大，当然秦国不用为奖励太多而发愁，因为当时秦军打下来的土地非常多，尽管衣袖一挥大胆奖励就是了。

在秦国，一级一级的军功爵是靠人头来计算的，斩杀敌将的头颅越多，获得的爵位就越高，而且奴隶和平民都可以通过军功获得爵位，以此提高自己的身份地位，而身份地位的高低则会直接关系到他们的幸福生活指数。而且，不同的爵位，每顿伙食标准都是不一样的，爵位高的，可以大碗喝酒大口吃肉，爵位低的，只能吃糠咽菜嚼馒头喝汤。所以，想要吃好喝好，那就得多砍几个敌人的首级回来。如果一个士兵在战场上斩获两个敌人将领的首级，那他就可以光耀门楣了；假如他的父母是囚犯，是可以立即得到释放的，真是养儿防“牢”啊！如果他的妻子是奴隶，也可以转为平民。并且，秦国的军功爵是可以传给下一代的，如果父亲战死疆场，他的功劳可以记在长子、长女的头上。当然，如果临阵脱逃，本人和家人也免不了死罪。

在“二十等军功爵”制度的刺激之下，整个秦国被激活了，秦国士兵个个都斗志昂扬、骁勇善战，以虎狼之势冲入敌军阵营奋力厮杀，杀得兴奋了还会脱掉上衣赤膊拼杀。所以，秦王政从发动统一战争开始，仅仅用了十年时间，就横扫六国军队，一统天下。当然，从现代战争观的视角来审视，秦国军功爵制度鼓励的是杀伐劫掠的价值观，这种残暴和嗜杀的气势，扭曲了人性；但从那个时代的现实和背景来分析，军功爵制度大大提高了秦国的战斗力，是当时最具战斗力的法律，一举扭转了秦国在对外战争中长期以来被动落后的局面。

除了军功爵制度之外，秦国军事变法方面的另一个制度是武器制作倒查机制。参观过秦始皇兵马俑的朋友们应该知道，秦兵马俑出土的秦国兵器上，一般刻有三项内容：第一项内容是总负责人的官职和名字，一般刻的是“韦”字，这个“韦”字代表的是吕不韦，吕不韦是当时秦国的丞相，是装备部的总监；第二项内容是兵工厂厂长的名字；第三项内容是工匠的名字。例如，秦兵马俑出土的一把青铜戈上便刻有“五年相邦，吕不韦造”“寺工、詟”“丞、义”和“工、成”等字。为什么要这样设计？因为武器装备是战斗力中的硬实力，如果在使用中出了问题，轻则导致己方人员被敌军斩杀，严重的甚至会影响整场战争的胜败。所以，在秦国，如果武器的制作不达标，可以追究总监的责任，罚他的俸禄、降他的级，还可以找厂长，当然也能找到制作每一件武器的具体工匠。这样做的目的是将责任落实到每一个人，从武器的铸造者到检验者，再到兵工厂的负责人，一直到丞相吕不韦，形成一整套兵器质量责任系统。秦国的这个武器制作倒查机制用现代的话来讲就是产品质量溯源，它严格了武器生产制造的质量标准，极大鼓舞了士兵的斗志。

法律变法方面：其一，全面推行李悝的《法经》，即《盗法》《贼法》《囚法》《捕法》《杂法》《具法》。其二，出台《连坐法》，一人犯罪，什伍连坐。鼓励“告奸”，有“奸”不告，与“奸”同罪，并且连坐。在连坐制度下，商鞅自己都不能幸免于难。商鞅因为变法得罪了太子的老师公子虔，秦孝公死后，太子继位成为秦惠文王，公子虔状告商鞅谋反。要知道，在中国古代，谋反是大罪，是要被株连九族的。为了保命，商鞅只能跑路。他想逃到魏国，但秦国边境的守城军士不让其出城，无奈之下他只能找个旅店歇息一晚，结果没想到的是，旅店老板让他出示“身份证”才同意让他住店。因为按照商鞅变法的内容，客人住店要登记，否则就是犯罪。可此时的商鞅是通缉犯，怎么敢出示身份证？旅店老板一脸无奈地告诉商鞅：旅客住店得有证件，没有证件我可不能收留您，如果我收留了您我就会被问斩。此乃商君之法也！

在一没摄像头二没互联网的古代，要想低成本地去监督一个人，连坐制是较为合适的选择，尽管商鞅栽在了自己制定的连坐制上，但这恰恰说明了当时秦国的律法执行情况是非常不错的。

二、事皆决于法

“事皆决于法”类似于我们现代法治理念提倡的“有法必依”，这一理念早在两千多年前就被秦国贯彻得淋漓尽致。要知道，当时的秦国还是一个由奴隶制向封建制过渡的国家，推行这样的新法必然会撼动奴隶主的利益。

据《史记》记载:“商君相秦十年，宗室贵戚多怨望者。”[①]面对新法，奴隶主们想抵制却又不敢当出头鸟，于是便怂恿太子犯法，想为难商鞅。商鞅变法的第二年，太子杀人，引起了民愤。这时，全秦国的人都在看商鞅，看他如何执行新法。如果“刑不上大夫”[②]，那么新法将举步维艰，如果“太子与庶民同罪”，定遭太子记恨，将来太子继位，后果可想而知。

面对这样两难的局面，商鞅认为:“法之不行，自上犯之”[③]。为了施行新法，就必须严格执法。商鞅自然是想处罚太子，但是太子是储君，是秦国的接班人，对他进行处罚势必会引起轩然大波，怎么办?商鞅想了一个自认为两全其美的办法:处罚太子不行，处罚太子的老师总归是可以的吧!于是，商鞅下令处罚了太子的首席老师公子虔，并且把太子的另一个老师公孙贾处以黥刑。黥刑伤害性不大但侮辱性极强，犯罪记录刻在脸上将一生相伴。几年后，公子虔又犯法，商鞅直接下令，把他的鼻子割了。

被处以刑罚的太子老师们岂能不对商鞅怀恨在心?不仅是太子的老师，商鞅因为严格执法，几乎把秦国上上下下稍微有

---

①《史记·商君列传》。

②《礼记·曲礼》。

③《史记·商君列传》。

点势力的人都得罪了个遍。被商鞅处罚过的权贵们皆视他如眼中钉、肉中刺，等秦孝公这棵护佑商鞅的大树不在后，商鞅被扣上“谋反”的帽子而被杀害也就在意料之中了。

虽然商鞅被秦孝公的儿子秦惠文王给杀了，但秦国并未因此而衰落。已经习惯在律法中运行的秦国继续向着强大不断迈进，到了秦孝公的孙子秦昭襄王掌权的时候，发生了一件很有意思的“祭祀事件”，大概可以说明当时的秦国贯彻“事皆决于法”有多么彻底了。

秦昭襄王生病，卧床好几天也不见好转。老百姓听说后，认为大王是为国事操劳累倒的，于是给秦昭襄王祈福，祈求老天爷保佑国君早日康复。没过几天，秦昭襄王的病真的就好了。这下老百姓更高兴了，就宰了几头牛向老天爷还愿。这样大规模的民间“义举”被外出的郎中阎遏、公孙衍遇上。

二人兴冲冲地赶回宫中禀告秦昭襄王，称赞他的功德已超过先贤尧、舜，秦昭襄王一头雾水，就问二人此话从何说起。阎遏、公孙衍回答说：尧、舜之时，还没听说过百姓为其健康而祈祷。如今大王生病了，百姓为您向神灵祈祷；病好了，百姓又为您向神灵还愿。正是这件事让我们私下认为您的功德超过了尧、舜。万万没想到，秦昭襄王听后不仅没给个笑脸，还要罚该里的里正和伍老各出两副盔甲。原来按当时的法律，农忙时节禁止宰牛。表面上看，秦昭王的做法有些不通情理，但是，这让百姓知道：就算是为了君王的利益，犯了法也要被惩罚。君王带头秉公守法的举动树立了“法”的权威。

三、行重法之治

谈到秦国，很多人都会想到“严刑峻法”四个字。确实，秦国的法律繁如秋荼，密如凝脂，处罚也十分严格，老百姓稍不注意就会犯罪，而且动不动就是砍手砍脚纹面削鼻。在现代人看来这种刑罚残酷无比，但在当时却是维护封建制度最有效的工具，也是符合当时社会生产力发展水平的必然产物。

战国初期，秦国疆土主要在西部，秦本是西部的养马部族，与西方少数民族长期杂居在一起，难免会为一些鸡毛蒜皮的事情起纠纷甚至大打出手，每次私斗都会有百姓伤亡，对秦国的发展造成很大的内耗。为了防止这种不断扩大的社会矛盾拖秦国的后腿，商鞅在军事变法方面特别增加了相关条款，例如：禁止私斗，杜绝内耗；“为私斗者，各以轻重被刑大小”[①]等。

新法刚颁布没多久，一天清晨，秦国某地又爆发了私斗，这场私斗的起因是两个氏族要争夺一块土地。但还没等双方甩开膀子开打，商鞅便带着人马将这两个氏族团团围住，并且把公然违抗新法企图私斗的人统统抓了起来。接下来怎么办？是

①《史记·商君列传》。

依法处理，还是法不责众？从商鞅给秦孝公的上书和秦孝公的回信看，秦孝公还是挺犹豫的，因为参与此次私斗的有三千多人，按照新法七百多人要被杀头。变法，秦孝公当然义无反顾，但要一次性处决如此多的老百姓，那老百姓还不得炸了锅啊！但如果不依法行事，不就意味着变法失败吗？为此，秦孝公还动了特赦的念头。但商鞅认为严格执行新法虽有风险，但与亡国相比，此险值得一冒，因此必须按照新法对这些违法者进行处置，不管有多少人。在商鞅看来，法律只有得到彻底的执行才能显示其公平，而这才是真正的爱民。

于是，七百多名犯人一次性在渭水刑场被处决。成千上万百姓在如此巨大的刑场面前，第一次感到了国家法令的威严，这就是震动天下的“渭水大刑”。虽然被处决的人数还有待考证核实，但事件本身有一定真实性。

“渭水大刑”让秦国上上下下都看清了一件事，就是“皆有法式”“事皆决于法”，法律尊严不可践踏，法律权威不可藐视。

商鞅主持之下的变法不仅对违反法律的人严惩，而且对议论新法的人惩罚得更狠。万事开头难，新法实施之初，就有一些民众跑到秦国都城大吐苦水，反映新法难执行，商鞅得知后立即把这帮议论新法的人抓起来，送到边疆去充军。在商鞅和秦孝公的坚持下，事事以新法为标准，新法实施的效果非常显著。这时又有一帮新法的受益者跑到秦国都城，逢人就夸赞新法好新法棒新法顶呱呱，结果商鞅又把这帮为新法唱赞歌的人都抓了起来，跟骂新法的人同样处理，送到边疆充军。为什么不管说新法好与不好，都要拉去充军？商鞅这是什么策略？商鞅此举意在告诉国民：法不是供人议论的，而是必须执行的，“服从”比质疑和议论更重要。

“皆有法式”“事皆决于法”是秦孝公推行法治的主旋律。按现在的话来讲就是“有法必依、执法必严”，严到什么程度呢？《商君书》记载：新法要求法律范本必须全国统一，写错或者多写少写一个字，那么该地区的法官要被判处斩首之刑，如果法官遗忘或者错误解释了某条法令，那就以法官所忘或者所解释的法令来处罚他。

这种严刑峻法虽然客观上促使了秦国的迅速崛起，但也毫无疑问将老百姓压得喘不上气来。比如，《睡虎地秦墓竹简·法律答问》中有这样一段话：“或盗采人桑叶，臧不盈一钱，可论？赀徭三旬。”意思是：偷盗别人的桑叶，价值不到一钱，抓住了怎么办？判 30 天苦役。要是按照今天的法律，偷一把桑叶，可能还到不了判刑的标准，顶多批评教育一下；但按照秦国的法律，这种情况竟然要判 30 天苦役！如果法官没有判当事人 30 天苦役，就要被追究“纵囚”的责任，因为法官枉法要被从严追究。

再如，像乱扔垃圾的行为，现在顶多被人说没有公德。但在秦朝，那就上纲上线到刑事处罚层面了。《汉书·五行志》记载："秦连相坐之法，弃灰于道者黥。"[①]意思是，把垃圾扔到路上的人，要处以在脸上刺字的刑罚。虽说这种刑罚并没有伤其筋骨，但也痛其体肤了，关键是，那可是一个耻辱的标志呀！

更有甚者，秦国的法律还管男士的眼泪。秦国的男人不能无缘无故地哭，"男人哭吧哭吧不是罪……"这首歌是绝对不能在秦国高唱的。男人流眼泪，如果在秦国，不仅丢人，还要送官府呢！

秦国靠推行"以法为本""厚赏重罚"而迅速崛起，雄视中原，很好地回答了"孝公之问"，也为秦国带来了兴盛局面，为秦一扫寰宇、统一六国奠定了坚实的制度基础。但秦帝国土崩瓦解得太快了，短短十几年就轰然倒塌、灰飞烟灭了，这也意味着法家政治神话的破灭。汉朝在总结亡秦的教训时，就深刻认识到如果一味地推行严刑峻法，必然会"君臣乖乱，六亲殃戮，奸人并起，万民离叛。"[②]礼、法各具功用，不可偏废。到了汉武帝"罢黜百家，独尊儒术"之时，儒家思想逐渐成为主流，但法家推崇的"法"并没有消失，而是与儒家推崇的"礼"开始融合。

后世的历朝历代，虽然侧重不尽相同，但在"礼法合治"

---

①《汉书·五行志》。

②《汉书·贾谊传》。

方面无不遵循“峻礼教之防”的原则，通过引礼入法而实现礼法结合：将礼的精神注入法律，借助法的权威重塑礼的信仰。引礼入法的历史过程对中华法系的塑造具有决定性影响，儒、法两家在追求和维系等级政治这一根本目的上并无本质差异，两家之争主要体现在手段和策略不同，即儒家重礼而法家重法，两家根本目的的一致性和手段策略的差异性也促使“出礼入刑、隆礼重法”治国策略形成。

第三节　礼法合治　利国利民

中国古代很多统治者运用“礼法合治”思想治国理政，创造出四海升平的稳定局面。春秋战国时期，在治国方略的选择上，儒家主张“礼治”，法家主张“法治”，在思想的碰撞和交锋下，法家逐步从儒家中分离出来，与儒家相对并立，为后世“礼法合治”的形成奠定了基础。

鉴于春秋时期礼崩乐坏和秦朝严刑峻法的教训，荀子作为坚持“礼法合治”的第一人，提出“隆礼重法”，强调“治之经，礼与刑”[1]，既反对“不教而诛”[2]，也反对“教而不诛”[3]。汉唐时期，施政以“外儒内法”为主，以“德礼为政教之本，刑罚为政教之用”[4]，使唐律“一准乎礼”，成为法律伦理化的中华法系的典型代表。明朝朱元璋认为:“为国之治道，非礼则无法，若专法而无礼则又非法也。所以礼之为用，表也；法之为用，里也。”[5]随着“礼法合治”对社会治理作用的不断强化，它对中华民族思想观念的影响也不断深入。

习近平总书记在主持十八届中共中央政治局第十八次集体学习时，引述了我国古代治理国家和社会时主张“礼法合治，德主刑辅”的经验，他强调，对古代的成功经验，我们要本着择其善者而从之、其不善者而去之的科学态度，牢记历史经验、牢记历史教训、牢记历史警示，为推进国家治理体系和治理能力现代化提供有益借鉴。

“礼法合治”既是历史经验的一种总结，也是一种理论上的完善。礼乐之所以“崩坏”、秦朝之所以短命，一个根本的原因是礼与法完全分离，周朝是单纯的“礼”，秦朝则是严厉的“法”。其治国安邦的关键并非单纯地依靠知法懂法执法守法，

①《荀子·成相》。
②《荀子·富国》。
③《荀子·富国》。
④《唐律疏议》。
⑤《明太祖集》。

一味地将法律的冰冷和机械发挥到极致，这样做尽管有时可以使一个国家具备很强的竞争力，但只能“诛恶”，使人“畏法”，而不能“劝善”，难以使一个国家获得可持续发展的动力。

所以，“礼法合治”是历史发展的必然，没有强制力保障的“礼”缺乏安全感，没有仁义道德的“法”缺乏幸福感。“礼”侧重于预防犯罪，更多的是道德层面所提倡的行为规范，需要行为人自觉自愿遵守，违反或者不遵守礼仪，至多是遭到道德谴责，并不会因此承担法律后果或者责任。而“法”侧重于惩治犯罪，作为行为规范由国家强制力保障实施，不遵守该规范则需要承担法律后果或者相应的法律责任。

“礼法合治”是中国古代思想家和政治家们经过长期实践而总结形成的一套治国策略，是千百年来中国人民接受且发挥重要作用的治国方略。时至今日，“礼法合治”思想经过历史淬炼焕发新的时代价值，闪烁着中华民族智慧的光芒。

一、礼法合治有利于提高人民道德水准和文明素养

党的二十大报告强调，推动明大德、守公德、严私德，提高人民道德水准和文明素养。“当今世界，人类文明无论在物质还是精神方面都取得了巨大进步，特别是物质的极大丰富是古代世界完全不能想象的。同时，当代人类也面临着许多突出的

难题，比如，贫富差距持续扩大，物欲追求奢华无度，个人主义恶性膨胀，社会诚信不断消减，伦理道德每况愈下，人与自然关系日趋紧张，等等。要解决这些难题，不仅需要运用人类今天发现和发展的智慧和力量，而且需要运用人类历史上积累和储存的智慧和力量。”①

习近平总书记强调，历史是最好的老师。怎样对待本国历史？怎样对待本国传统文化？这是任何国家在实现现代化过程中都必须解决好的问题。“礼法合治”作为中华优秀传统文化，蕴含着丰富的道德理念和教化思想。在法治不断发展完善的今天，我们为什么还要提倡和弘扬“礼法合治”的中华文化呢？

马克思政治经济学原理告诉我们：经济基础决定上层建筑。这本是经过实践检验的真理，却被社会上某些人进行了歪曲变质的理解，这些人认为只要有经济实力就有发言权、只要有钱就能称“老大”，所以，为了取得利益财富，不惜坑蒙拐骗，偷奸耍滑。

被新冠疫情冲击了三年的旅游业，在 2023 年春节假期终于“守得云开见月明”，实现了“触底反弹”，久违的烟火气终于找回来了，不少人开始奔向心中期待已久的“诗和远方”。然而，当人们满怀热情地出行时，冷却了三年的旅游业似乎乱了节奏，

① 习近平：《在纪念孔子诞辰 2565 周年国际学术研讨会暨国际儒学联合会第五届会员大会开幕会上的讲话》，《人民日报》2014 年 9 月 25 日。

从吃到住，从玩到购，乱象频出：经典的“宰客”套路频频上演，“趁热打劫”的酒店民宿也不在少数，大大小小的“坑”更是防不胜防。

互联网上，有网友写下了自己噩梦般的春节出游经历：“我是提前半个月（花）150 元订到的，出发前一天，酒店老板各种借口逼退房，一开始说酒店外面建房子停水，还很吵……第二天我在高铁上她又打电话来说还是帮我换个酒店吧，我补个一两百的差价她帮我找附近的店……”无独有偶，另一位网友吐槽：“1 月 3 号就订了房间，16 号才通知我没房了，酒店反复声称‘满房，无法接待’。”不仅被逼退房的消费者无比糟心，还有不少消费者勒紧裤腰带住进高价酒店后更糟心：“花了上千元订的民宿，环境不好，服务态度不好，房间设备也很老旧。不是说酒店、民宿不能涨价，而是明明只值几百块，却涨到上千。”

出发前被单方面拒单的游客并非个别现象，一些不良商家利用规则漏洞，或提供质次价高的产品，或直接取消低价订单，早就将诚实守信抛之脑后，只为多赚钱。这时估计有人不服气，要站出来喊话了：“国家不是有法律吗？把他们抓起来！关大牢！”但是，有些坑蒙拐骗的行为是游走在法律边缘的，缺乏充足的证据很难按法律来处罚。法律是最低限度的道德，道德是高标准的法律，对于法律顾及不到的方面，我们就要充分运用礼义仁爱的教化作用来弥补法律的不足。

旅游乱象的产生在一定程度上反映了社会道德状况存在问题，政府和媒体需要通过加大对诚信经营的倡导和对不道德不文明行为的谴责，让正面的、主流的、积极的从业者形象和职业道德楷模发挥示范效应，让旅游业的正能量得以有效传递，引导从业者向着规范、健康的方向发展，这不仅是提高旅游业服务质量、提升人民出游幸福感的需要，更是建设美丽中国、实现中国梦的需要。

之前有一句顺口溜："常在河边走，哪能不湿脚？既然湿了脚，不如下河洗个澡。"虽然这是一句玩笑话，但也从侧面说明了一个问题：放纵贪欲会形成惯性。我们很多领导干部在被提拔之初都是非常优秀的，但为什么有些人会一步步走向违法犯罪的深渊？其中一个重要原因就是没有控制好自己的欲望，没有过好权力关、财富关、金钱关，既想当官又想发财，导致底线一步步失守，走上腐化堕落、违法犯罪的道路。

对于领导干部来讲，不能想当然认为常在河边走湿鞋很正常，也不能以常在河边走作为鞋湿的理由。只要加强学习，提高自我修养，加强党性锻炼，坚定正确的理想信念，牢固树立马克思主义的世界观、人生观、价值观、权力观和荣辱观，懂得自重、自省、自警、自励，慎独、慎权、慎欲、慎初，坚守住道德底线，控制住内在欲望，是完全可以做到"常在河边走，就是不湿鞋”的。

党的二十大对坚定不移全面从严治党、深入推进新时代党的建设新的伟大工程作出全面部署、提出明确要求。作为新时代党的建设的主线，加强党性修养、坚持廉洁自律不仅是党员干部坚定理想信念的需要，也是我们着眼新时代要求和立足党员干部队伍现状提出的迫切的现实要求。党性是党员干部立身、立业、立言、立德的基石，加强党性修养、坚持清正廉洁是党员干部成长进步的“压舱石”，是加强党风廉政建设的迫切要求，是保持共产党员先进性的重要保证。领导干部能否以崇高的道德准则进行自我约束，对加强党风廉政建设，推动反腐败斗争的深入发展至关重要。

二、礼法合治有利于加强家庭家教家风建设

党的二十大报告强调，弘扬中华传统美德，加强家庭家教家风建设。在维护家庭和谐方面，“礼法合治”也发挥着不小的作用。

例如，2020年5月出台的《民法典》中专设“婚姻家庭编”和“继承编”，通过法律的强制力解决家庭矛盾，其中一个亮点是确立了“离婚冷静期”制度。为什么要增设这个制度？从中国传统文化来看，中国人对于“婚姻”一直保持“宁拆十座

庙，不毁一桩婚”的态度，这种劝和不劝分的观念也表明了中国人对于“离婚”是不提倡的。然而，近年来离婚率急速上升，结婚率却持续走低，设置“离婚冷静期”制度的初衷之一就是试图通过延长离婚时间、加大离婚成本、限制当事人意思自治，来挽救仍有可能维系的婚姻关系，避免冲动离婚带来的消极影响，体现了法律对婚姻关系的重视和特殊保护的意志。

再如，《民法典》还确立了夫妻债务“共债共签”原则。《民法典》第1064条规定：夫妻双方共同签名或者夫妻一方事后追认等共同意思表示所负的债务属于夫妻共同债务。该条文改变了调整市场经济规则中重要的利益衡量规则，在交易安全和家庭成员不“被负债”的价值取舍上，法律放弃对民间交易习惯、交易高效便捷的追求，把保护家庭稳定、保障家庭成员生活安宁放在优先地位进行制度安排。此外，《民法典》“婚姻家庭编”还在夫妻之间平等、公平、尊重、担责等方面做出了规定。

当然，一个家庭关系中不仅仅只有夫妻关系，还有父母、子女、兄弟姐妹、祖父母、外祖父母等其他家庭成员关系。这就会面临着一系列问题，例如：对父母的赡养问题、夫妻之间的扶养问题、对孩子的抚养问题以及家庭成员之间的继承问题等。尽管这些问题随着法治的发展完善也日益得到更好的解决，但是在不少人看来，这本应是“礼”的问题，不应该交给“法”

解决。但从现实情况来看，由于礼义教育的不足和其自身约束力较弱等原因，社会上出现了大量因赡养、抚养、扶养、继承问题而产生的家庭纠纷，光靠“礼”的教化作用难以得到完全解决，必须要靠“法”的强制力量加以规范。

然而，要让这个钢筋混凝土搭建的房子有家的温暖，仅仅靠法律这个外力是远远不够的，还必须给它注入“礼”的内在力量来提升幸福感，毕竟“家家都有本难念的经”，“清官也难断家务事”。近些年来，一方面人民群众的物质生活水平不断提高，另一方面家庭观念缺失、家庭道德“滑坡”现象不容小觑。有些所谓的“成功人士”，“功成名就”后就喜新厌旧，把“离婚”当时髦，把“家中红旗不倒，外头彩旗飘飘”当“标配”，甚至是炫耀的资本，究其原因，“礼”的缺失是重要原因。

中华民族自古以来就非常重视家庭建设，《颜氏家训》《朱子家训》等家训经典流传至今，“家和万事兴”的故事灿若繁星。党的十八大以来，习近平总书记多次强调家风建设的重要性，明确指出：“家庭是社会的基本细胞，是人生的第一所学校”[①]，“使千千万万个家庭成为国家发展、民族进步、社会和谐的重要基点”[②]，“千家万户都好，国家才能好，民族才能好”[③]，

① 习近平：《在2015年春节团拜会上的讲话》，《人民日报》2015年2月18日。
② 习近平：《在2015年春节团拜会上的讲话》，《人民日报》2015年2月18日。
③ 习近平：《在2018年春节团拜会上的讲话》，《人民日报》2018年2月15日。

“家风好，就能家道兴盛、和顺美满；家风差，难免殃及子孙、贻害社会”[1]。

现在时代不同了，但“礼”的精神理念不能变质，中华民族历来重视“家”，家庭是社会的细胞，正所谓“天下之本在国，国之本在家”[2]。尊老爱幼、妻贤夫安，母慈子孝、兄友弟恭，耕读传家、勤俭持家等中华民族传统家庭美德，是支撑中华民族生生不息、薪火相传的重要精神力量，是家庭文明建设的宝贵精神财富。“不论时代发生多大变化，不论生活格局发生多大变化，我们都要重视家庭建设，注重家庭、注重家教、注重家风”[3]。只有家庭成员共同努力，依靠彼此之间的爱、包容、谦让与付出，家庭才能和谐长久。

三、礼法合治有利于提升社会治理效能

党的二十大报告强调，健全共建共治共享的社会治理制度，提升社会治理效能。“法治社会是构筑法治国家的基础。弘扬社会主义法治精神，传承中华优秀传统法律文化，引导全体人民做社会主义法治的忠实崇尚者、自觉遵守者、坚定捍卫

① 习近平：《在会见第一届全国文明家庭代表时的讲话》，《人民日报》2016 年 12 月 16 日。

② 《孟子·离娄上》。

③ 习近平：《在 2015 年春节团拜会上的讲话》，《人民日报》2015 年 2 月 18 日。

者。”“礼法合治”的实质是把法律规范和道德规范统一起来，综合运用“礼治”和“法治”两种手段规范人们行为，维护社会秩序，推进国家治理体系和治理能力现代化。通过“礼法合治”这一治国理政方式，中国古代社会维持了长久的稳定状态，造就了文景之治、贞观之治、开元盛世、康乾盛世等辉煌历史。

正如张晋藩教授所讲：“以礼为主导，以法为准绳；以礼为内涵，以法为外貌；以礼防范于先，以法惩治于后；以礼移民心于隐微，以法彰善行于明显；以礼夸张恤民的仁政，以法渲染治世的公平；以礼行法从而减少推行法律的阻力，以法行礼使礼具有凛人的权威。”[①]以法的强制力量来推行礼的规范，以礼的精神力量来加强法的统治作用，“礼”与“法”互为表里相互配合，伴随着我们这个古老民族历史发展的始终，经过几千年的反复实践，成为流传和影响中国千百年的传统文化。

尽管数千年来形成的“礼法合治”不断被强调，但时至今日，随着市场经济的发展和个人财富的不断增加，在巨大的经济利益诱惑下，仍有少数人不惜钻法律空子铤而走险。

网上曾经流行一个段子：馒头店老板的儿子饿了，抓起自家卖的馒头就要啃，老板急了，赶紧跑来夺去了儿子手上的馒头不让儿子吃，并且告诉他：“咱们家卖的馒头不能吃，你要是实在饿了，就去对面吃碗拉面。”儿子听完便跑到对面想要买碗

① 张晋藩：《中国法律的传统与近代转型》，法律出版社 2005 年版，第 15 页。

拉面。这时，拉面店里的小孙子也饿了，小孙子正准备吃自家卖的面，却被小孙子的爷爷叫住了，爷爷告诉他：“咱们家的面不能吃，你想吃就去对面蛋糕店买个蛋糕吃。”儿子听完孙子和爷爷的对话，就跑到对面的蛋糕店准备买个蛋糕吃。这时从屋后走出来一个孕妇，正是蛋糕店家的儿媳妇，她打开柜门拿起蛋糕就准备吃，婆婆看见急匆匆地跑过去，伸手打掉了儿媳妇手中的蛋糕并告诉她：“你要是饿了，就去旁边馄饨店买碗馄饨吃。”

接下来发生的故事，想必大家也能猜到结局了。这个段子多少带有调侃的意思，但也反映出了当今社会仍然存在的少数极端现象：自己卖的东西自己不吃。因为自己吃的和拿到市场上卖的是两条生产线上生产的。为什么？因为他自己心里很清楚，自己卖的东西是被自己捣了鬼的。

美国经济学家阿克罗夫有一个“坏车市场模型”可以形象地描述社会秩序混乱的后果：坏车进入市场，由于人们对好车和坏车的相关情况不了解，坏车价格低，而好车价格高，于是坏车以低价优势取得更胜一筹的销售业绩，直接导致好车卖不掉，从而出现了坏车挤垮好车的“逆淘汰”现象，即出现了“劣胜优汰”。那些讲诚信重质量的企业千辛万苦创立的品牌被侵害，市场规则被干扰，公平竞争原则被破坏，整个市场秩序陷入混乱，可谓“一颗老鼠屎坏了一锅粥”！

“礼法合治”作为中华传统法文化的优秀成果之一，尽管其中蕴含着诸如等级观念、人治思想等消极因素，但其总体精神是追求“群居和一”的社会和谐秩序，并在此基础上塑造社会个体的权利和义务。以史为鉴，融入礼文化的法制建设能造就盛世王朝，抛弃礼文化的法制建设会加速王朝灭亡。我国古代“礼法合治”的国家治理模式经过历史实践的检验，沉淀了深厚的儒家精神、人文思想、伦理观念、道德品质等优秀传统文化思想内涵。这些理念在推动我国治理体系和治理能力现代化过程中可以发挥重要的作用。

习近平总书记指出:“我国今天的国家治理体系，是在我国历史传承、文化传统、经济社会发展的基础上长期发展、渐进改进、内生性演化的结果。”[①]礼与法的融合既是历史经验的总结也是新时代的召唤，一个以扬善为主，一个以惩恶为主，扬善必能制恶，惩恶才能弘扬善，两者相辅相成。在社会治理方面，要大力倡导并发扬礼的教化作用，注重将法律与道德互相配合、互相补充、互相促进，只有如此，社会才能和谐有序，百姓才能安居乐业。

《中共中央关于全面推进依法治国若干重大问题的决定》指出:“国家和社会治理需要法律和道德共同发挥作用。……既重

① 习近平:《习近平关于全面深化改革论述摘编》，中央文献出版社 2014 年版，第 21 页。

视发挥法律的规范作用，又重视发挥道德的教化作用，以法治体现道德理念、强化法律对道德建设的促进作用，以道德滋养法治精神、强化道德对法治文化的支撑作用，实现法律和道德相辅相成、法治和德治相得益彰。”[①]中国“礼法合治”思想的创造性转化、创造性运用、创新性实践、创新性发展在中央八项规定上体现得淋漓尽致。

面对改革开放以来我国经济社会快速发展伴随而来的形式主义、官僚主义、奢侈浪费严重问题，2012 年 12 月 4 日，十八届中央政治局召开的第一次会议通过了《中央政治局关于改进工作作风、密切联系群众的八项规定》（以下简称中央八项规定）。从看得见、摸得着的干部作风问题入手，聚焦群众深恶痛绝、反映最强烈的问题，狠抓最具体的违规公款吃喝、公款旅游、大办婚丧喜庆、滥发钱物、出入私人会所等问题，一方面注重发挥礼治道德教育功能，引导党员干部率先垂范、修身律己，同时突出法治的惩罚功能，对违反中央八项规定精神的党员干部，快刀切入、猛药下入，毫不留情，铁拳重击，严肃查处，大力曝光。

2023 年 5 月 29 日，中央纪委国家监委公布了 2023 年 4 月全国查处违反中央八项规定精神问题汇总情况。2023 年 4 月，

① 习近平：《中共中央关于全面推进依法治国若干重大问题的决定》，《人民日报》2014 年 10 月 29 日。

全国共查处违反中央八项规定精神问题6412起，批评教育帮助和处理9204人，其中，党纪政务处分6280人，这是连续第116个月公布月报数据。十多年来，中央八项规定重拳出击，违纪行为逐年大幅减少，基本刹住了形式主义、官僚主义、享乐主义和奢靡之风等“四风”问题，党风政风为之大变，社风民风为之一振，作风建设成效卓著。

“礼法合治”正契合今天的中国，实现全面依法治国必须处理好法律与道德的关系，“礼”与“德”相通，那么，法律与道德的关系也可以看成法与礼的关系。法治是现代国家治理的基本方略，一个现代化的国家不讲法治是万万不能的。

但是，国家的治理仅仅依靠法治也是远远不够的，法律的有效实施有赖于道德支持，而道德的践行也离不开法律的强有力保障。新时代，我们要按照党中央关于全面依法治国的统一部署，以中华之礼的强大力量来弘扬人性中“善”的一面，强调道德的自律，强化道德对法治的支撑作用，用道德引领社会。与此同时我们也要充分考虑人性中“恶”的一面，“运用法治手段解决道德领域突出问题”①，“强化道德对法治的支撑作用”②，科学运用“礼法合治”为法治中国建设不断注入动力和活力。

---

① 习近平：《坚持依法治国和以德治国相结合 推进国家治理体系和治理能力现代化》，《人民日报》2016年12月11日。

② 习近平：《坚持依法治国和以德治国相结合 推进国家治理体系和治理能力现代化》，《人民日报》2016年12月11日。

经过长达数千年岁月的洗礼，中国古代传统“礼法合治”思想经久不衰，在社会主义事业蓬勃发展的今天依然具有实效并彰显活力。在中国共产党的领导下，中国传统“礼法合治”思想也将不断推陈出新，把国家宏观治理与基层群众自治相结合，为实现社会治理现代化提供新方法，指引新道路。

第二章

民惟邦本、本固邦宁的民本理念

皇祖有训，民可近不可下。民惟邦本，本固邦宁。

——《尚书·五子之歌》

大禹的儿子启通过武力征伐，建立了中国历史上第一个王朝——夏朝。晚年时的启生活日益腐化，经常沉迷歌舞狩猎而疏于朝政。启死后，他的儿子太康继位，太康变本加厉放纵情欲，逐渐失去民心。一次，太康带着人到洛水之南狩猎，流连于山川景致，东夷族有穷部落的首领后羿趁机领兵拦住了太康的归路。太康被迫出逃，后羿轻而易举夺取了权位，立太康的弟弟仲康为王，自己把持朝政。仲康死后，其子相继位，不久后羿驱逐了相，夺取了王位。但后羿即位后不仅沉迷狩猎、荒废国事，而且废黜忠臣，重用奸臣寒浞，最终被寒浞霸占妻子、夺取王位。

面对如此混乱的局面，太康的五个弟弟写下《五子之歌》以追念先辈的教导，感慨治国需要以民为本，这就是“民惟邦本，本固邦宁”的由来。在中国传统文化中，“民本”思想倡导民生优先，主张统治者实行仁政德治，一直被儒家奉为治国安邦、约束君权的圭臬。“民本”思想中所包含的敬民、爱民、忧民、恤民、富民、乐民等政策举措，是历朝历代统治者制定各方面制度时所必须倡导的，当然也深深地烙印在中国法文化之中，始终贯穿于中国古代法的始末。尽管它不断遭到尊君思想的“围剿”和专制君主的压制，但依然造就出一大批“安得广厦千万间，大庇天下寒士俱欢颜”的忧国忧民之士，对今天的社会主义法治国家建设具有极其重要的历史借鉴意义。

第一节　天生民而立之君

在先秦典籍中，关于民本思想的记载非常丰富：老子以“圣人无常心，以百姓心为心”教导统治者要以人民为重；管子将政治的兴废与民心结合，认为“政之所兴，在顺民心，政之所废，在逆民心”；荀子提出“君者，舟也；庶人者，水也。水则载舟，水则覆舟”的观点；孟子则直截了当地指出“民为贵，社稷次之，君为轻”……如此丰富的民本思想，跟当时老百姓受的苦难有很大关系，尤其是春秋战国时期，频繁的政权更迭使得社会动荡不安，无论是统治者还是思想家都意识到老百姓作为重要战略资源对国家的重要性：不管是平时生产还是战时打仗，脱离了老百姓的支持是万万行不通的。“以民为本”逐渐成了各个思想流派的共识，民本思想体系得以形成。

一、敬天保民

在古代，由于人类对自然的认识能力有限，对于诸多无法解释的问题就归结为冥冥之中的一种神秘力量在支配，朴素的天命鬼神思想广泛盛行，“天命”观念由此而来，并享有至高的地位。这一观念反映在法律领域就是天判神罚。在夏王朝时期，天被认为是一种朴素的自然神，而商代统治者将这个自然神建构成为一个人化的神，并宣称自己的统治行为都是受命于天，是代表天来裁决人间是非的。在这个神权独尊、巫祝占卜至上的宗教社会里，大到征伐别国、祭祀先祖、修筑城墙，小到出行乘车、放牧耕田，甚至做梦，都要进行占卜，以定凶吉。

《尚书·商书·西伯勘黎》记载了一件非常有意思的事，可以从侧面印证当时对占卜的重视，以及统治者对自己受命于天的“迷之自信”。

周武王八年时，周国军队在毕公高的率领下，一路高歌攻下黎国，商的统治岌岌可危。大臣祖伊火急火燎地去朝觐商纣王，对他大加指责：天子啊，这下上天恐怕要终结我们殷商的国运了。现在占卜都看不到一点点吉兆，这并不是先王不保佑我们这些后人，实在是大王您沉湎酒色荒淫无度，自绝于先王啊。现在老百姓们都希望我们国家灭亡，他们纷纷祈祷上天快点显灵来惩罚您！大王您现在打算怎么办？

按说在这种时候商纣王应当非常着急惶恐才对，但他却狂妄地安抚祖伊：“呜呼！我生不有命在天乎？”意思是：我们是有天命的人，怎么会被打败呢？可见“天命”的观念有多么根深蒂固！

就在商纣王还在信誓旦旦相信“有命在天”，并想夺回黎国之时，长期与商人存在诸多矛盾的东夷人突然发起了大规模叛乱，在商朝的后院点了一把“大火”。商纣王不得不暂时放弃夺回黎国的想法，转而将兵力投向了山东半岛，前往平息东夷之乱。虽然最终商人取得了胜利，但东夷人极其强悍的战斗力使得商王室大军折损大半。一年多后，周武王正式发起第一次东征，彻底推翻了商纣王的统治，建立了周王朝。

当时周面临的形势还是非常严峻的。周原是西部边陲一个政治文化不甚发达的部族，想要取代历史悠久、文化繁荣的殷商，难度之大可想而知！面对殷人的叛乱和内部的分裂，周必须笼络一切可以笼络的力量。为了让人们相信周取代商的合理性，周武王的弟弟周公提出了“敬天保民”的概念。

周公提出：王权虽然是神授的，但只授给有德之人，殷商灭亡的原因恰恰就在于“惟其不敬德”[①]。言下之意就是你殷商就算是天选的又怎样？你不讲德行就会被上天抛弃，就该灭亡！那么怎样才算是“敬德”呢？周公在继承夏商天命观的基础上

---

①《尚书·召诰》。

对其进行了修正完善，借助“天”的地位来阐明百姓的重要性，将百姓的意愿视为天的意愿来源。“敬天”是目的，“保民”是手段，只有通过“怀保小民”[1]来“以德配天”，才能“祈天永命”[2]。“敬天保民”思想在西周达到了统一并成为其基本治国理念，指导着包括法律领域在内的国家各项活动。这一指导思想一直影响着后世法制，使得我国古代出现了一些独具特色的法律制度，例如秋冬行刑制度等。

秋冬行刑制度起源于春秋战国时期的适时行刑理论，以“阴阳五行”和“天人感应”理论为核心，将四季变化、自然灾害与执行刑罚相联系。按照“阴阳五行”理论，秋季对应五行中的“金”，金本性冰冷，表示用于砍伐的工具，寓意破坏。在古人看来，春夏是万物生长的季节，秋冬是肃杀蛰藏的季节，秋冬断狱行刑不误农时，因此应当春夏行赏、秋冬行刑，如果违反天意，就会招致灾祸，受到上天惩罚。自汉朝正式将自然界的运行规律直接引入法律领域，并作为具体司法制度的依据后，“春夏省狱减刑，秋冬断狱行刑”一直延续到我国封建制度灭亡。

“保民”在法制领域的体现就更多了，如慎重执行死刑的“三复奏、五复奏”制度，对判决不服的“理雪”申诉制度，

---

① 《尚书·无逸》。

② 《尚书·召诰》。

“翻异别勘”的案件复查制度等。其中最为我们熟知的可能就是“登闻鼓”的直诉制度了。

喜欢看历史剧的朋友肯定对这样的画面不陌生：庄严肃穆的官府门口的显眼处，摆放着一面威风凛凛的大鼓，时不时就会有人一边击鼓一边喊冤，而听到鼓声的官员必须马上作出回应。用今天的话来讲，这面鼓就像是老百姓信访的“快速通道”。“登闻鼓”制度最早可追溯到西周时期的“肺石”（一块赤色的石头），据《周礼》记载，当司法不公导致穷苦的百姓有冤情时，老百姓就可以站在肺石之上讲述自己的冤情，会有专门的官吏处理此事。之后“路鼓”代替了“肺石”，有冤情的老百姓可以通过击打在官衙门口的“路鼓”为自己鸣冤，官员会进行受理。汉朝开始正式推行“周鼓上言变事”制度，确认了这种直诉制度的合法地位。西晋时期，“登闻鼓”一词正式出现，经过隋唐时期的稳定发展和使用，到宋朝得到发扬光大。

在宋代，不管是平民百姓还是达官显贵，只要是大宋子民都有敲击登闻鼓表达诉求的权利，“朝政得失、公私利害、军期机密、陈乞恩赏、理雪冤滥，及奇方异术、改换文资、改正过名”[①]，只要有诉求都可以敲鼓，由于门槛太低，甚至出现了皇帝帮着安排工作，以及帮市民找猪的趣事。

据史书记载，有一天，宋太祖赵匡胤听说有人敲登闻鼓，

---

①《宋史·职官志》。

以为出了什么大事，赶紧召见这个名叫牟晖的开封市民，仔细一问，原来是他家的猪跑了，来找皇帝诉苦。赵匡胤耐心地听牟晖诉完苦，非但没有生气，还赐给了他一千钱，算是补偿。事后，赵匡胤还非常开心地给宰相赵普下了一道手诏，与他分享这一趣事，并且非常欣慰地跟赵普说道:“现在连猪不见了都算是冤情，可见天下已经没有什么冤民啦。”

宋真宗在位时的一天，有100多名落榜的考生相约一同来敲登闻鼓。他们的诉求是什么呢?他们向皇帝禀告说自己“素习武艺，愿备军前役使”[①]，原来是要投笔从戎，恳请皇帝给他们安排工作。对此，宋真宗亲自组织面试，以操作弓箭为考题，为一部分落榜考生找了一份工作。

二、民贵君轻

春秋战国时期的连年征战，给老百姓带来深重的灾难和痛苦，加之不少上位者为满足自己的奢侈欲望，变本加厉地搜刮人民，老百姓稍有反抗就会被施以残酷刑罚。《左传·昭公三年》记载的“屦贱踊贵”的故事，就向我们间接呈现了百姓被随意处置的悲惨场景。齐景公在带领齐国由乱转治、走向强盛后就开始纵欲享乐、不顾百姓死活。他不仅生活奢侈、贪杯好

①《续资治通鉴长编》卷五十八。

色，而且好大喜功、脾气暴躁。为了支撑起自己奢侈无度的生活，老百姓三分之二的收入都被他挥霍掉了。谁要是惹他生气，他就会不问缘由地下令将这人的脚砍下来。有一次，齐景公想赏赐劳苦功高的晏婴一座大房子，没想到晏婴却拒绝接受，理由是自己现在住的地方虽然小但是离市场比较近，买东西很方便。齐景公便笑着问他："相国你说你经常买东西，那现在什么最贵？什么最便宜啊？"晏婴敏锐地察觉到这是一个进谏的好时机，赶紧回答道："据臣所知，现在卖得最贵的是假脚，最便宜的是鞋子。"齐景公听后若有所悟，开始反思自己的行为，减省刑罚。

虽然这个历史故事的重点在于赞扬晏婴的机敏睿智，胸怀天下，但人命如草芥的世道也被生动刻画出来。腐朽而又残暴的奴隶主贵族统治使得老百姓的不满和愤怒越积越多，逃亡、暴动、起义等反抗斗争此起彼伏。战国时期各国间连绵不绝的争霸战争，更使得本已生活困苦的民众愈加悲苦。

天下大乱、礼崩乐坏、民生凋敝的悲惨状况直接促使民本思想得到极大发展。其中"民为贵，社稷次之，君为轻"[①]的"民贵君轻"理念作为其中的翘楚，在今天依然闪耀着智慧的光芒。这句话是儒家最重要的代表人物之一、被后人尊为"亚圣"的孟子提出的。孟子是鲁国贵族孟孙氏的后裔，他对孔子极为尊

①《孟子·尽心下》。

崇，曾率领弟子在二十多年时间里游历了齐、宋、滕、魏、鲁等国，目睹了普通百姓在虐政和战乱之中痛苦挣扎的悲惨情形，这对他触动很大，是促发其提出“民贵君轻”理念的重要原因之一。

孟子的为官生涯是从邹国开始的，在做官之初，他就关注到了老百姓对国家的重要作用，这从《孟子》中的一段对话可以看出。邹国与鲁国交战，邹穆公对孟子说：我的官吏死了三十三个，但百姓中没有一个为战事而牺牲的。杀他们吧，杀不了那么多；不杀他们吧，又实在恨他们眼睁睁地看着长官被杀而不去营救。到底怎么办才好呢？孟子回答说：灾荒年岁，您的老百姓，年老体弱的弃尸于山沟，年轻力壮的四处逃荒，差不多有上千人吧；而您的粮仓里堆满粮食，货库里装满财宝，官员没有人把这种情况告诉您，这是上级怠慢残害老百姓啊！曾子说：“小心啊，小心啊！你怎样对待别人，别人也会怎样对待你。”现在就是老百姓报复他们的时候了。您不要归罪于老百姓，只要您施行仁政，老百姓自然就会亲近他们的长官，肯为他们的长官牺牲了。

在孟子二十多年的游历生涯中，既遇到过真心实意崇拜他的滕文公，也遇到过沽名钓誉的齐宣王。滕文公还是世子的时候就对孟子非常仰慕，曾专程拜会过孟子。滕定公去世后，滕文公两次派人向孟子请教怎样办理丧事。滕文公继位后，孟子在鲁国不得任用，便来到滕国。这时的孟子已经对民众的作用有了较为深入的思考。他指出治国之道的首要任务就是要关心老百姓，使其“有恒产”，要施行什一税、井田制等惠民养民的经济措施；老百姓富起来之后，还要加强对他们的教育。

孟子还指出：滕国虽是小国，被齐楚两个大国夹在中间，但是通过与民共守，也是可以有所作为的。但滕国无法为孟子提供施展才华的舞台，孟子最终离开滕国来到齐国。齐宣王想效法齐桓公、晋文公图谋霸业，因此对孟子礼遇有加。孟子也想在齐国推行他的政治主张，对齐宣王抱有很大期望。此时，孟子的民本思想体系已完全成熟，关于“仁政”“王道”“贵民”均有详细的施行措施，他多次劝谏齐宣王要施行仁政，在经济上制民之产、不违民时，在教育上先富后教，在政治上与民同乐、照顾矜寡孤独、考察民意、以民心民意为根本。尤其难能可贵的是，孟子的战争观同样体现了“贵民”思想。

公元前 314 年，燕国内乱，齐宣王趁机伐燕，大获全胜。孟子就齐国伐燕与齐宣王有多次对话。孟子以商汤征伐天下为例，说商汤征伐之所以会得到民众拥护，最终取得成功，是因为其出发点是为救民于水火，是顺应民意，以民心为基础的。孟子劝谏齐宣王，如果不能在燕国推行仁政的话，就应当扶立新的燕王，归还掠夺之物，迅速退兵，否则不仅燕民会反抗，各国也会趁机结盟抗齐。然而齐宣王一意孤行，并未采纳孟子的建议，最终如孟子所言，燕昭王即位后大败齐军，齐国元气大伤。

经过这场变故，孟子进一步看出，齐宣王虽然对他礼遇有加，但并不想推行其政治主张，因此心灰意冷，决心辞官离齐。他离开齐国的时候，在齐的边境停留了三天，心情非常复杂，有不甘，有失落，发出了“夫天未欲平治天下也；如欲平治天下，当今之世，舍我其谁也？”[①]的感叹。之后，孟子回到家乡邹国，从此潜心学问、教书育人。

以孟子为代表的一大批思想家，在战争频繁的春秋战国时期，看到了普通民众的力量，深刻认识到老百姓在取得政权、维持统治地位方面的重要意义。“天生民而立之君”[②]，君位并不是永恒不变的，如果对民过于残暴，民必将推翻其统治。这一时期的思想家们还敏锐地认识到君主的欲望与民众的利益有一定冲突，为了安民，上位者必须克制自己的欲望，应当主要通过道德教化而不是残酷刑罚来维持统治，老百姓能够安心生产、吃饱穿暖，才会心甘情愿地拥戴上位者。

“民贵”理念经过春秋战国时期的全面发展，已经成为当时的一种共识。无论哪个流派、哪国统治者都不会公开轻视民的地位，法家也为自己的重刑主义戴上了“爱民”的大帽子：

---

① 《孟子·公孙丑下》。

② 《左传·襄公十四年》。

“刑重者，民不敢犯，故无刑也，而民莫敢为非，是一国皆善也。”[①]当然，“以刑去刑，刑去事成”[②]的重刑主义必然导致秦“举措暴众而用刑太极”[③]。据史料记载，秦始皇“以暴虐为天下始”，统治期间“劓鼻盈蔂，断足盈车”“所割男子之势高积成山”。这种极端残酷的刑罚不仅伤害了老百姓的肉体，也大大剥夺了老百姓的尊严，成为秦二世而亡的重要原因。

在这种历史教训下，秦之后的汉改奉黄老之学，在法制领域力图通过“轻徭薄赋”“约法省刑”等政策让老百姓能够真正地喘口气歇歇脚，以此实现“安民”的目的。

三、与民休息

鉴于秦“赋敛无度”导致农民起义的教训，汉高祖刘邦从立国之日起就大力倡导“轻徭薄赋”，以图尽快恢复凋敝的社会经济。“徭”就是徭役，指的是老百姓为国家建设免费出力，“轻徭”就是尽量减少或者免除百姓的徭役；“赋”就是赋税，指的是老百姓向政府缴纳货币或实物，“薄赋”就是在合理的范畴内尽量减少或者免除老百姓的赋税。“轻徭薄赋”不仅让连年

① 《商君书 · 画策》。
② 《商君书 · 勒令》。
③ 《新语 · 无为》。

饱受战乱之苦的老百姓得到休养生息的机会和时间，也给刚刚立国、内忧外患的西汉王朝赢得了宝贵的发展时机。

汉高祖刘邦颁布法令，将大量的田地和房屋赏赐给有功劳的将吏士卒，并免除他们的徭役，还规定将田租从秦的“泰半之赋”降至每年“十五税一”，也就是老百姓的田租从秦朝时的一大半都要上交给国家，变为只用交土地产量的十五分之一。汉文帝又进一步将田租减为“三十而税一”，文帝十三年（前 167）还免除了一年的田租。到了汉景帝时，正式把田租“三十而税一”的制度确立下来，一直延续到东汉末年，基本没有改变。

以人口为征收对象的算赋在汉初也有所减少。算赋是政府对成年人征收的人头税，凡年龄在 15 岁至 56 岁的成年男女，每人每年缴纳 120 钱，用作购置车马兵器，文帝时将算赋减为 40 钱。相比秦“用商鞅之法，改帝王之制，田租、口赋、盐钱之利，二十倍于古”[①]的情况而言，这样的减税力度还是很大的。文景时期还屡次减轻徭役，将丁男每年一个月的徭役减为每三年服一个月徭役。这一系列法令使得农民有大量的时间从事生产，对于减轻农民负担、提高百姓生活水平，恢复和促进社会经济发展起到了至关重要的作用。

“轻徭薄赋”带来的成效不断显现。据《史记 · 平准书》记

① 《汉书 · 食货志》。

载:“汉兴七十余年之间，国家无事，非遇水旱之灾，民则人给家足，都鄙廪庾皆满，而府库余货财。京师之钱累巨万，贯朽而不可校。太仓之粟陈陈相因，充溢露积于外，至腐败不可食。”大意是：国库里的钱太多了，由于穿钱的绳子都腐烂导致无法计算出具体金额。粮库里新粮和旧粮堆积在一起，仓库都装不下，很多粮食一直放到腐烂。

民本理念落实到刑罚领域，就形成了以“约法省禁”为指导原则的一系列例律。汉初统治者总结了秦亡的教训，认为法家理论过于严苛，必须对其进行纠正才能赢得民心。刘邦在率领自己的部队率先攻入咸阳，成为“关中王”后，并没有沾沾自喜，而是率军退到了灞上（今西安市东南），召集当地的名士及大批的老百姓，与他们约法三章：杀人者死，伤人及盗抵罪。“约法三章”虽然内容简单，但对刘邦赢得民心、夺取天下影响很大。约法第一条是杀人者偿命，不再像秦一样采取连坐制度，这就从制度上减少了普通百姓无辜受牵连的情况，可以很好地安抚民众情绪。第二条是伤人者要治罪，意在警告那些企图运用暴力手段争夺天下的列强豪杰，只要伤人就会受到惩罚，不要轻举妄动。第三条是偷盗者要治罪，意在体恤百姓，维护社会安定。

当然，“约法三章”只是稳定社会秩序的临时性措施，施行地域仅限于关中地区，主要用意在于笼络人心，不是系统的立法。等打败项羽建立汉朝后，刘邦认为“三章之法，不足以御奸”[1]，亟须制定法律来巩固政权。萧何作为丞相，担负起组织立法的重任。他依照秦朝法律，选取其中适宜当时社会的部分，并加以补充，合为九章，称为《九章律》。《九章律》以“约法省禁”为原则，定罪、刑罚均较秦时有所减缓，在中国法制史上占有重要地位，被历史学界誉为“律令之宗”，汉朝以后的历代法律多以《九章律》为蓝本进行编订。

此后孝惠帝除挟书律，高皇后吕氏除三族罪、妖言令，文帝全面废除收帑相坐律令和肉刑，景帝废除车裂之刑等，都是针对秦时所行的“严刑苛法”进行的更订和调整。汉初的“轻徭薄赋”“约法省禁”极大地减轻了民众的负担，让在秦严苛刑罚下苟延残喘的老百姓有了喘息之机，也能感受到一些人格尊严，这在很大程度上缓和了阶级矛盾，为“文景之治”盛世的到来打下了坚实基础。

① 《汉书·刑法志》。

第二节　同民心而出治道

从古至今，民心向背始终关乎着政权统治的稳固性，也会在很大程度上制约统治者的行为，常常是政策变革或朝代更替的先声。“民心”这一概念，最早可考的表述在《诗经·节南山》中：“君子如届，俾民心阕；君子如夷，恶怒是违。”大意是：君子执政如临渊履冰，小心谨慎，方能使民众心安；君子治国如一碗水持平，公平公正，人们的憎恶和不满就会消除。

应该说，从东周开始，是否合乎“民心”就逐渐成为一个政权是否合法的重要依据和基础，并在中华文化发展过程中，构成了一整套“得民心者得天下”的话语体系，形成了注重民心的法文化传统。

一、水能载舟，亦能覆舟

据目前所见文献，“水舟论”源于春秋时期孔子劝谏鲁哀公的事例。生于深宫、自小养尊处优的鲁哀公向孔子讨教：“寡人生于深宫之中，长于妇人之手，寡人未尝知哀也，未尝知忧也，未尝知劳也，未尝知惧也，未尝知危也。”[1]针对鲁哀公没有机会感知哀、忧、劳、惧、危的困惑，孔子分别作了回答，并特别以水舟为喻让鲁哀公思考“危”:“且丘闻之，君者，舟也；庶人者，水也。水则载舟，水则覆舟，君以此思危，则危将焉而不至矣！”[2]此后，水舟论被历朝历代的官员频频提起，用以劝谏君王，其中最有名的当数唐初魏征对李世民的进谏。

唐之前的隋朝很短命，从581年到618年，享国三十七年。隋灭亡的直接原因是内外政策过度消耗国力，从而引发民变。李世民当上皇帝时，隋亡不过八年，鉴于隋“人不堪命，遂至于亡”[3]的教训，他大力倡导民本思想，将“安人宁国”作为治国的基本方略，力图通过安抚百姓以实现国家的稳定。

李世民有着不同于一般君王的雄才伟略，他目光远大，深知没有百姓，国家就是无根之木、无源之水，所以必须要爱惜民力、善待百姓。经历隋末乱世，人口大降，他多次花重金赎回被突厥掳走当奴隶的百姓，休养生息。他认为不能滥用刑罚，小的罪责要给人改过自新的机会。李世民体谅农民的不易，大力推行均田令，把田地交给老百姓使用。在他即位当年，就减免全国赋役，调动农民的积极性，促进了农业的发展。

---

①《荀子·哀公》。

②《荀子·哀公》。

③《旧唐书·刑法志》。

但就是这样一个勤政爱民、选用贤能、胸怀宽广的好皇帝，在经过即位初期的励精图治后，骄矜之心日渐滋长，开始不务实际、喜欢空谈，生活也逐渐奢靡起来。魏征在著名的《谏太宗十思疏》中引用“水舟论”这一比喻，分别从生活、品德、政令、纳谏、任人、刑赏等方面向唐太宗提出建议，直言：“怨不在大，可畏惟人；载舟覆舟，所宜深慎。”

通过考察不难发现，水舟隐喻通常出现在臣子或知识分子对统治者劝谏的情境中，并因知识分子和统治者的共同倡导，而成为中国古代政治文化的经典隐喻。在君主专制社会中，一国之君享有至高无上的权力，法律当然也是维护君权的工具，这在很大程度上极易导致“君私于上，吏奸于下”①的局面。即便是被后人广为称赞的唐太宗，在《贞观政要》的记载中也有多次怒而杀人的记录，可见规范和制约皇权的难度之大。在此情况下，以民心得失作为底层逻辑的水舟论成为规范和制约君主权力和行为的一种补充。

从史料记载来看，老百姓不仅被比喻成水，还曾被比喻为天、地、心、镜、秤等，这些比喻的目的只有一个，告诫君王做任何事情，要顺民心合民意，要“以百姓心为心”“凡事必先审民心”，顺民心则行，逆民心则止。

唐之后两宋时期的思想家进一步深化了对“民心”的认识，

---

①《贞观政要·论诚信》。

尤其是两宋时期的理学家继承发展了儒家“重民”“爱民”的民本传统，直接将“民心”纳入“天理”的范畴加以论述，强调君主要想称王天下，就必须对民众施仁政，要“爱民如子”“平易近民”[①]。当然理学家讲“仁政”并不代表要放弃刑罚，相反，他们在理论上强调宽与严的内在统一，将仁爱与刑杀相结合，主张通过刑罚教化来警示民众，最终避免民众犯罪。

明太祖朱元璋早年在争夺天下时就奉行“克城以武，戡乱以仁”[②]的原则，他告诫将领说：元朝的运道马上就要终结了，君王当然是有罪的，但民众却是无辜的。以往朝代更替时，往往肆意屠杀民众，有违天理，我实在不忍心。各位将领在攻克城池的时候，一定不要肆意焚烧、掠夺和杀戮，要注意让社会安定、民心安稳。在朱元璋的明令约束下，他手下的将领非常注意“民安其生”。农民出身、大字不识几箩筐的猛将胡大海就曾说：“吾武人不知书，惟知三事而已：不杀人，不掠妇女，不焚毁庐舍。”[③]而朱元璋每次得知自己的队伍攻城略地的同时不妄杀，总是“喜不自胜”[④]。

正是由于朱元璋严禁滥杀，他的军队才能得到比较广泛的拥护，势力迅速壮大。以“不嗜杀人”作为成就帝业的重要条

---

① 《朱子语录》卷一〇八。

② 《明史·太祖本纪》。

③ 《明史·胡大海传》。

④ 《明史·太祖本纪》。

件，并非虚言。出身平民的朱元璋深知民间疾苦，当他夺取政权坐上龙椅后，非常重视“安民”和“恤民”，而其自身的成长经历使他对贪官污吏尤为痛恨，这在一定程度上促使其在法制领域里选择“重典治吏”的策略来赢得民心。

二、重典治吏

吏治腐败可以说是我国古代阶级矛盾激化、农民起义爆发，最终造成政权更迭的主要原因。因此，每个王朝的初创时期，在法制方面都非常关注如何将官吏对权力和金钱的欲望遏制在可控的限度内，以维护王朝的长治久安。为整肃吏治、严明法纪，历朝历代都制定施行了一些防贪倡廉的制度和措施来约束各级官吏。早在奴隶制社会的殷商时期，商王成汤就首创“官刑”以禁止“三风十衍”（巫风、淫风、乱风三种不良风气和收受贿赂等十种犯罪）。秦朝对贪赃枉法的官吏一律重罚，不赦免也不会宽大处理。汉文帝时曾下令，贪官污吏子孙三代都不得为官。唐朝在总结历代惩治贪官污吏的经验教训基础上，制定了更为详尽的律法以惩办赃官。但如果要对古代皇帝治理贪官污吏的严苛程度做一个排行榜，明太祖朱元璋如果称第二，恐怕没有哪个皇帝敢称第一。

从小饱受贪官污吏敲诈勒索的朱元璋对官吏贪污恨之入骨，

他深知贪官污吏扰民害民是农民起义的重要原因，在《明太祖实录》卷三十八中曾有一段朱元璋与群臣谈话的记载，朱元璋说道：从前我在民间时，见州县官吏多不恤民，往往贪财好色，饮酒废事，凡民疾苦，视之漠然，心里恨透了。如今要平立法禁，凡遇官吏贪污蠹害百姓的，决不宽恕。“重典治吏”成了明朝整顿吏治的重要法律指导思想，在这一思想的指导下，朱元璋织起了一张严密的“法网”来对付贪官污吏。《明律·刑律》中专门列有“受赃”条目，共十一条，此外《户律》《课程》《盐法》中均有惩治官吏贪污的规定，而且处刑在唐律的基础上大大加重。

为了杜绝贪奸，洪武十五年，朱元璋把御史台改为都察院，下设十三道监察御史，负责纠察百官并随时检举弹劾。朱元璋设立了巡检司和锦衣卫，耳目遍布全国各地，还专门张皇榜鼓励百姓们检举揭发贪污大臣，只要是举报成功就有重赏。朱元璋严惩贪官污吏不分亲疏，他的女婿欧阳伦也因违法乱纪被处理。

为了对贪官形成更强大的震慑力，洪武十八年到二十年，朱元璋亲手编纂了以严刑酷法著称于世的《御制大诰》《御制大诰续编》《御制大诰三编》和《御制大诰武臣》。这四编《大诰》记录了朱元璋亲自处理的案件，用刑之酷烈超过历史上任何一个封建王朝。《大诰》中记载的酷刑种类非常多，包括族诛、凌迟、墨面、断手、刖足、阉割为奴等30余种，并且同一种罪行《大诰》中的处刑比《明律》重得多，比如收粮违限，《明律》规定是杖一百，而《大诰》则是要处以凌迟之刑。朱元璋还下令在全国广泛宣传《大诰》，要求家家必备，而且全家老幼都要背熟，就连科举考试也要从里面出题。《明史·刑法志》中就有记载："天下有讲读《大诰》师生来朝者十九万余人，并赐钞遣还。"如此众多的师生由各地到京师来讲读《大诰》，这在中国教育史上是盛况空前的。

朱元璋滥用的律外重刑中，最出名最残忍的恐怕是"剥皮实草"了。他下令各府、州、县都要在衙门左面设立一座小庙，贪官污吏被使用特殊手段活活剥皮后，在他们的皮里面填充稻草，或者做成鼓，挂在这个庙前，用来警示继任官员。这种庙被称为"皮场庙"。

"重典治吏"对整肃吏治、缓和社会矛盾、恢复发展经济起到一定的积极作用，"一时守令畏法，洁己爱民，以当上指，吏治焕然不变矣"[①]。但是正如中国法制现代化的先驱、新法家代表人物沈家本先生所评价："风俗之未能移易，重刑云乎哉。"[②]意思是：靠风俗都改变不了的东西，靠重刑能改变吗？明太祖朱元璋认为元代法纪废弛之后，世人多徇私灭公，因此想用严刑

① 《明史·循吏传序》。

② 《历代刑法考·明大诰峻令考》。

峻法来惩治贪官污吏，但往往“弃市之尸未移，新犯大辟者即至”[①]，严峻刑法只能收到一时的成效，且往往治标不治本，朱元璋晚年也哀叹道：“我欲除贪赃官吏，奈何朝杀而暮犯。”[②]但不管怎么说，明朝重法惩治赃吏、重视法制宣传等做法，在客观上保障了民生，赢得了民心。

三、天下为主，君为客

明末清初，社会剧烈动荡，阶级矛盾和民族矛盾非常尖锐，资本主义萌芽在部分经济发达地区出现并缓慢发展，在此形势下，涌现了一批进步思想家。他们面对社会危机和民族矛盾，不断寻求改革方案，大力主张“经世致用”，认为经书研究要与解决重大现实问题联系起来，反对不切实际的空虚之学，其中最杰出的代表是黄宗羲、顾炎武、王夫之。他们都有着早年积极抗清、失败后隐居山野、拒不仕清、著书立说的类似经历。这些思想家将锋芒直指君主专制，旗帜鲜明反对君主独裁，提倡“人民为主”，提倡“法治”，主张限制君权、改革专制，强调衡量治理天下成功的标准应当是老百姓满意与否，鼓励老百姓关心国家大事。

---

① 《历代刑法考·明大诰峻令考》。

② 《国初事迹》。

被誉为“中国思想启蒙之父”的黄宗羲，是“东林七君子”之一黄尊素的长子，他亲身经历了明末宦官专权乱朝的黑暗政治，对封建制度的批判极其深刻。他在《明夷待访录》中通过抨击“家天下”的君主专制制度，向世人传递了光芒四射的“民主”精神，虽然这一“民主”与我们今天讲的民主有着本质上的区别，但在当时黑暗无比的社会环境中显得难能可贵。黄宗羲直言皇帝“以天下之利尽归于己，以天下之害尽归于人”[①]，认为“为天下之大害者，君而已矣”[②]，作出了在当时被认为惊天骇地的“以天下为主，君为客”的著名论断。“天下”指的就是民众，黄宗羲认为民众才是国家的主人，而君是由民请出、为民服务的客人，不少学者也将之概括为“民主君客”论。黄宗羲认为君臣关系应当是“共曳木之人”[③]，也就是一前一后共同抬木头的人，是平等的合作关系而非区分尊卑的父子关系，这一政治模式已经包含了比较明显的民权理念，具有朴素的民主性。

在对封建君主专制深刻批判的基础上，黄宗羲进一步对封建之法提出强烈谴责，他以“托古改制”的方式，在《明夷待访录·原法》中肯定了秦之前的尧舜二帝和夏商周时期的“三代之法”。黄宗羲认为“三代之法”不是上位者为了维护自己统

---

①《明夷待访录·原君》。

②《明夷待访录·原君》。

③《明夷待访录·原臣》。

治的一己立法，不是用来限制和管理老百姓的，而是着眼天下苍生，为了协调百姓之间的关系，为了更好地实现君民“双赢”而立，因此法律条文非常简约明了，法治环境也显得十分宽松和谐，是“天下之法”。

黄宗羲批评自秦之后的“法”都是皇帝为了保住自家的江山而立，一言以蔽之就是一个“私”字，是君王拿来维护自己一家利益、对付臣下和百姓的工具。这个帝王的“一家之法”是建立在君民对立、损害百姓大利为君王一家牟利的基础上，因此，越是细密严苛对君王就越有利，君民对立状况也会越发剧烈。黄宗羲认为天下之乱就在于这个“一家之法”，认为其是“乱世之源”“非法之法”，主张用“天下之法”取而代之。

黄宗羲还一改荀子以来儒家“有治人无治法”的论调，针锋相对地提出“有治法而后有治人”的观点，强调法的作用大于人，应当先有天下之法，然后才有依照天下之法行事的“能治之人”。如果天下都在“非法之法”的掌控之下，即使有旷世奇才，其作用的发挥也会受到极大限制，只能在“非法之法”范围内修修补补，于大局则无多大用处。

到目前为止，学术界对这一时期的思想尤其是黄宗羲的思想仍然争论不已：有人认为其已经具备近代民主主义的基本特征，属于民主思想；有人认为其虽然还不是民主思想，但已与中国传统民本思想有着本质区别，属于新民本思想；还有学者认为其并没有超越孟子以来儒家民本思想的范畴，仍属中国传统的民本主义。不管学术界如何争论，有一点是有巨大共识的，那就是以黄宗羲为代表的“治法”思想比之以往的儒家思想有了跨越式的发展，虽然在当时被视为“异端邪说”，但却为后来民本思想向民权思想的跨越打下了坚实的理论基础。

几千年的封建帝王统治，注定了中国由“民本”向“民权”的跨越是艰难而曲折的。在清朝，不管是改良派还是维新派，其改变专制局面、提升民众权利的改革主张，都是在承认王权的基础上提出的。清光绪三十四年，在“民权”意识不断发展的压力下，清廷颁布了《钦定宪法大纲》，但其内容仍以维护君权为重心。这也使一些革命者认识到，若不彻底推翻帝制，民的地位就不可能真正得到保障。1903 年 12 月，孙中山先生在《敬告同乡书》中指出“革命、保皇二事，决分两途，如黑白之不能相混”，主张彻底推翻帝制，建立国民平等的国民政府，实行立法、行政、司法、考试和监察五权分立的五权宪法设想，主张人民享有“政权”，政府享有“治权”。

通过一代代仁人志士的不懈努力，到了封建社会末期，以专制“君本”作为不可撼动之前提的传统民本思想受到巨大冲击，民众已不满足于单纯为民做主的“民本”，希望能在一定程度上限制王权，甚至消灭王权。民本思想逐渐向民权思想过渡，在这种思潮的作用下，封建帝制最终被推翻。当然，由于缺乏社会经济和文化支撑等各种复杂原因，民本思想在当时并没能转变为人本思想，就连民权思想也因顽固专制思想过于强大，以及缺乏具体的制度落实而最终式微。

第三节　江山就是人民，人民就是江山

长期以来，由于受古代法制思想和某些西方法学思想的影响，不少人对法的认识存在一个误区，认为“法”就是统治阶级或者社会精英对社会规范的认识和理解，上位者负责制定法律，老百姓负责遵照执行。北宋时的大文豪苏东坡在《御试重巽申命论》中就曾经说过：“以至详之法晓天下，使天下明知其所避。”意思是：以极详细的法律晓谕天下，使天下人明白法律，避而不犯。想法是很好，但推行起来非常困难。为什么这样说呢？因为没有得到最广大人民群众认可的法，不代表最广大人民群众根本意志的法，不维护最广大人民群众根本利益的法，注定不会被长久遵守，注定会被历史抛弃。

什么是最广大人民群众的根本意志？其实也并不复杂，那就是特定社会中人民群众生存和发展的最基本需要和人民的根本利益，这是现代法治不可或缺的人民基础。一句话，就是特

定社会和特定时代最广大社会公众的最基本的道德情感，最基本的价值需求，最基本的是非标准。坚定不移走中国特色社会主义法治道路，就是要坚决维护中国人民最基本的道德情感、价值需求和是非标准。

习近平总书记“江山就是人民，人民就是江山”的重要论断，对当前建设中国特色社会主义法治体系和社会主义法治国家，具有极为重要的现实意义。

一、体现最广大人民群众的根本意志

人民意志是人民群众关于社会最基本价值的基本认识，是一个社会最基本伦理要求的基本形式，也是建立现代法治最基本的价值基础和社会伦理基础。法律只有体现人民群众的根本意志，实现现代法治的目标才会有最基本的保证。从反面来说，我们很难想象一个违背社会基本常识、人民基本伦理的法律规定，能够在实践中得到人民的真正支持。从根本上讲，“依法治国”当中的“法”，必须是遵循和体现人民群众根本意志来解决具体社会冲突的具体规范，只有这样，才能保证国家的法治真正反映人民的需要、人性的需要，在顺应时代要求、体现民心民意的轨道上正常运行，“依法治国”和“以德治国”的有机统一才能够真正实现。

中国共产党作为马克思主义政党，马克思主义是我们立党立国、兴党兴国的根本指导思想。[①] 在长期的实践中，中国共产党人深刻认识到，只有把马克思主义基本原理同中国具体实际相结合、同中华优秀传统文化相结合，坚持运用辩证唯物主义和历史唯物主义，才能正确回答时代和实践提出的重大问题，才能始终保持马克思主义的蓬勃生机和旺盛活力。[②] 那马克思主义对于人民群众的作用又是如何看待的呢?

马克思在致力于批判旧式唯心史观和总结人类社会发展规律的基本前提下，逐渐形成和确立了唯物史观的基本理论，人民性在马克思主义唯物史观中不断彰显并成为其显著标识。马克思、恩格斯在《神圣家族》中指出:“历史活动是群众的活动，随着历史活动的深入，必将是群众队伍的扩大。”这集中体现了马克思把人民群众视为推动历史前进的根本性力量，彰显了依靠人民群众创造历史伟业的逻辑。在《共产党宣言》中，马克思从无产阶级政党和人民群众之间的关系出发，鲜明强调“共产党人不是同其他工人政党相对立的特殊政党。他们没有任

① 习近平：《高举中国特色社会主义伟大旗帜 为全面建设社会主义现代化国家而团结奋斗——在中国共产党第二十次全国代表大会上的报告》，《人民日报》2022 年 10 月 26 日。

② 习近平：《高举中国特色社会主义伟大旗帜 为全面建设社会主义现代化国家而团结奋斗——在中国共产党第二十次全国代表大会上的报告》，《人民日报》2022 年 10 月 26 日。

何同整个无产阶级的利益不同的利益”，这一论断更是高度彰显了无产阶级政党与人民群众利益的一致性。

当然，中国共产党人并没有机械背诵和重复马克思的具体结论和词句，更没有把马克思主义当成一成不变的教条，而是一切从实际出发，运用马克思主义科学的世界观和方法论不断回答中国之问、世界之问、人民之问、时代之问，“江山就是人民，人民就是江山”就是马克思主义唯物史观的中国阐释和中国表达。

博大精深的中华优秀传统文化在长期的历史演进中形成了具有现实效用性、群体实践性和历史积淀性等特征的民本思想，民本思想不仅在中国传统社会中发挥着不可或缺的政治功效，而且为“江山就是人民，人民就是江山”重要论断提供了文化底色和理论支撑。“江山就是人民，人民就是江山”并不是对中国传统民本思想的单一话语回归，而是中国共产党将马克思主义植根在中华大地、植根在中华民族历史文化沃土之上，赋予了传统民本思想崭新的时代内涵和丰富的意义空间，实现了对传统民本思想从理论框架、价值立场、现实意义等多方面的重塑与超越，使其更具“效果历史”的呈现。

中国共产党之所以能够在近代各种政治力量的激烈角逐中脱颖而出并成功打下江山，并在百年历史进程中牢牢守住江山使其不动摇、不易主，一个核心原因就是中国共产党在不同的历史场景中始终对“依靠谁”“为了谁”这一根本问题保持着清醒的认知。我们党始终重视人民地位的基础性作用、人民力量的动力作用和人民智慧的创造作用，通过在各项政策法规制度上充分体现最广大人民群众的根本意志，来推动实现各历史阶段的目标和任务。

革命战争时期，特定的时代情境决定了人民历史主体性作用的发挥需紧紧围绕“革命”语境而展开。因此，中国共产党自觉地把“群众”“英雄”等词语融入党的革命实践中，毛泽东同志强调:“革命战争是群众的战争，只有动员群众才能进行战争，只有依靠群众才能进行战争。”

陕甘边革命根据地南梁苏区创建于土地革命战争时期，土地是至关重要的生产资料，能否处理好土地分配问题，成为当时做好群众工作的关键。习仲勋同志作为陕甘边革命根据地的主要创建者和领导者之一，带头深入调查研究，坚持实事求是，制定了符合南梁实际情况的土地政策。

苏维埃政府成立后，习仲勋同志又回应群众需求，及时在南梁设立集市。据曾任陕甘边政府秘书长的蔡子伟回忆:“几乎每逢集市，习仲勋同志和我们几个人都要出去转一转，听取老百姓各种意见反映。每次群众总是把我们围拢起来，问这问那，亲热极了。”边区苏维埃政府首先在华池县办起第一所列宁小学。教材由自己编写，通俗易懂，读起来朗朗上口，很受乡村儿童欢迎。不久，周围很多村庄也相继办起小学和成年人识字班。这些文化建设活动使根据地气象一新。习仲勋同志视人民群众如父母，为之奉献出一腔赤子之情，当地群众也衷心拥戴和关爱这位当时才二十出头的年轻领导者。在习仲勋同志的档案中存有一份西北局高干会议期间党组织的鉴定，其中有这样一句评语："由于这一切，使得仲勋同志成为党的宝贵的群众领袖。"

在革命战争年代，正是因为我们党一开始就深刻洞察人民群众中蕴藏着决定战争走向和改变民族前途命运的根本性力量，在长期的革命实践过程中与人民群众形成了血浓于水的亲密联系，才能有效地唤醒并激发人民群众的磅礴伟力，才能实现新民主主义革命的胜利。正如 1939 年 2 月 2 日毛泽东同志为杨海泉题词中所写："与民众在一道，一刻也不脱离民众，中国革命就一定能够胜利。"

党的十一届三中全会之后，伴随时代主题和历史任务的转换，基于对社会发展规律和党的建设规律的深刻洞察，邓小平同志反复强调："不要以为我们共产党是金字招牌，如果脱离群众，党的威信是靠不住的。脱离了群众，任何英雄也办不成事情。共产党员要与群众同甘共苦，这是我们的老章程。"[①]"我们党提出的各项重大任务，没有一项不是依靠广大人民的艰苦努

①《邓小平论党的群众路线经典话语摘编》，中国共产党新闻网 2014 年 8 月 7 日。

力来完成的。”[1] 这集中彰显了中国共产党一以贯之依靠人民群众进行改革开放来巩固江山的价值逻辑。

广东是我国改革开放的窗口，是综合改革的试验区和排头兵，习仲勋同志当时作为广东省的主要领导，带头恢复党的密切联系群众的优良作风。对待群众信访问题，他指出：“共产党的机关，共产党的干部怎么能怕老百姓，对老百姓没有感情？那能叫共产党的干部吗？”在对待广东省偷渡外逃人员时，他亲自做思想工作，并在省委有关部门负责人会议上严肃指出：“不能把他们当作敌人，总归还是自己人。”1978 年 9 月 25 日，广东惠阳地区检察分院干部麦子灿在写给习仲勋的批评信中说：“（你）是一个爱听汇报，爱听漂亮话，喜欢夸夸其谈的人。”习仲勋接到麦子灿的信后，表示诚恳接受，并将信转发给各地。两天后，习仲勋又给全省县以上党委写公开信，将麦子灿和他的回信一并转省委下发文件，让大家学习讨论，解决如何坚持实事求是、走群众路线的问题。他处理麦子灿来信的做法，不仅给广大党员干部树立了心胸宽广、实事求是、闻过则喜、勇于自省的形象和榜样，也使广大群众看到共产党的干部是完全不同于以往“官老爷”的人民公仆形象。

20 世纪 80 年代，习近平同志担任正定县委书记。这位年轻干部的作风令人耳目一新。当年的县委办干部回忆说，“习书记

① 《邓小平论党的群众路线经典话语摘编》，中国共产党新闻网 2014 年 8 月 7 日。

从不在办公室闲坐”，经常带着县委工作人员搞调查，“特别选在县城大集的时候，在大街上摆上桌子，拉着来赶集的老百姓做调查”。县委机关大门也总是敞开的，背着粪筐的老农径直进来同习近平同志交谈。

“江山就是人民，人民就是江山”，这不仅是以毛泽东同志为主要代表的老一辈无产阶级革命家留给我们的宝贵精神财富，也是被中国共产党百余年光辉实践充分证明的颠扑不破的真理。

党的十八大以来，我们党把人民群众的地位和作用，置于实现“两个一百年”奋斗目标和中华民族伟大复兴的战略高度加以审视和认知。习近平总书记强调，任何一项伟大的事业要成功，都必须从人民中找到根基，从人民中集聚力量，由人民共同来完成。中国共产党之所以能够发展壮大，中国特色法治建设之所以能够不断前进，正是因为依靠了人民。

从我们党百余年奋斗的历史长视角来看，我们党之所以能够始终走在时代前列、经得起各种风浪考验、不断从胜利走向胜利，其秘诀就在于植根人民群众沃土、赢得了人民群众的信任支持和衷心拥护，根本原因就在于始终敬仰人民、敬畏人民，始终把人民放在心中最高位置，始终保持党同人民群众的血肉联系，始终体现最广大人民的根本意志。人民群众是我们党取得政权、巩固政权的根本性力量，不管何时何地，唯有把人民群众作为实现历史使命的动力源泉，我们党的政权才能千秋永固，我们党的江山才能永不变色、永不变质，这也是“江山就是人民，人民就是江山”的理论意涵所在。

二、反映最广大人民群众的根本愿望

我国是人民民主专政的社会主义国家，法律必须集中反映人民的根本愿望。当然，法律对人民愿望的反映并非要体现每个人的愿望，事实上由于社会个体的愿望和诉求千差万别，法律只能是绝大多数人民愿望和利益的整体反映。在一个有着悠久历史文化的社会主义国家进行法治建设，决不能照抄照搬西方法治的那一套、食洋不化，必须传承中华优秀传统法律文化，同时借鉴国外法治有益成果。只有如此，才能为全面建设社会主义现代化国家、实现中华民族伟大复兴夯实法治基础。

在中国共产党领导人民群众革命、建设、改革的过程中，党把马克思主义同中国具体实际紧密结合，积极回应广大人民群众对法治的要求和期待，创造性地提出一系列建设理论和法治政策，不断研究和解决法治领域人民群众反映强烈的突出问题。

新民主主义革命时期，以毛泽东同志为主要代表的中国共产党人创造性提出中国共产党领导的革命根据地建设理论，指导根据地和解放区的红色政权创立和法制建设；社会主义革命和建设时期，以毛泽东同志为主要代表的中国共产党人创造性提出制定共同纲领和社会主义宪法，确立了社会主义的基本制度；改革开放初期，以邓小平同志为主要代表的中国共产党人，创造性提出"为了保障人民民主、必须加强社会主义法制"，使民主制度化法律化；党的十三届四中全会以来，以江泽民同志为主要代表的中国共产党人，创造性提出实行依法治国、建设社会主义法治国家，尊重和保障人权，形成有中国特色社会主义法律体系；进入新世纪新阶段，以胡锦涛同志为主要代表的中国共产党人，创造性提出坚持党的领导、人民当家作主、依法治国有机统一，坚持科学执政、民主执政、依法执政，丰富了中国特色社会主义法治理论。

党的十八大以来，随着世情国情党情的深刻变化，我们党面临的"四大考验""四种危险"更加复杂和严峻，尤其是在脱离群众危险方面，习近平总书记一方面在不同场合反复强调"为人民服务是共产党人的天职""不要忘记我们是共产党人，我们是革命者""共产党人是人民的勤务员"，旨在提醒和警示共产党人不要忘记身份和角色；另一方面将"坚持以人民为中心"作为习近平法治思想的重要内容，强调全面依法治国最广泛、最深厚的基础是人民，必须坚持为了人民、依靠人民，自觉运用法治思维和法治方式回应人民期待，维护社会公平正义。

人民是历史的创造者，是决定党和国家前途命运的根本力量。法治对人民愿望的回应直接影响着人民对法治建设的参与程度，影响着法治发展的进程及其广度和深度。在全面依法治国的进程中，只有充分反映最广大人民群众的根本愿望，才能最大限度激发蕴藏在人民之中的创造伟力，有效调动起人民的积极性、主动性、创造性，使全体人民都成为社会主义法治的忠实崇尚者、自觉遵守者、坚定捍卫者。

三、维护最广大人民群众的根本权益

中国的法律是人民的法律，人民权益要靠法律保障，法律权威要靠人民维护。我们适用法律的过程，绝不能变为纯粹为了维护法律权威而维护法律权威的过程，绝不能将“维护人民利益的法律”异化为不顾人民呼声、违背公序良俗，并最终可能与人民根本利益相矛盾的机械工具。要保证我们制定法律、适用法律的过程真正是一个体察民情、顺应民意、维护人民根本权益的过程，把已经变成人民共识的先进思想、价值观念上升为法律，并用来维护最广大人民群众的根本利益，这才是中国法律该有的样子。

纵观中国共产党筚路蓝缕接续奋斗的一百多年，我们党始终把“全心全意为人民服务”作为立党初心和永恒的价值追求，始终能够摆正党与人民的关系，并注重以法律的形式确立人民群众在国家中的主人翁地位，以法律权威来维护人民群众的根本权益。

1954 年 9 月通过的《中华人民共和国宪法》规定“中华人民共和国是工人阶级领导的、以工农联盟为基础的人民民主国家”，强调“中华人民共和国的一切权力属于人民。人民行使权力的机关是全国人民代表大会和地方各级人民代表大会”，这就以国家根本大法的形式把人民民主和社会主义原则固定下来，确认和保证了人民当家作主的权利，并建立了以国家权力机关为核心的更加完整的国家机构体系，以适应日益复杂化和专门化的国家治理与社会管理活动的需要，为社会主义制度在中国的全面确立奠定了根本法基础。“五四宪法”还进一步丰富了民族区域自治制度，形成了与国家制度的性质与形式相适应的公民权利体系，为当代中国公民权利制度创设了根本法基础，实现了对中国近代以来各种国家制度方案的历史性超越。[①]

改革开放后，中国特色社会主义法治发展进入一个革命性变革的历史新时期。以邓小平同志为主要代表的中国共产党人使党和国家重新走上了民主与法制的轨道。党的十五大在正式提出依法治国基本方略的同时，强调依法治国的主体是广大人民群众，目标是逐步实现社会主义民主的制度化和法律化。党

① 公丕祥：《新中国 70 年社会主义法治建设的成就与经验》，《光明日报》2019 年 8 月 23 日。

的十七大强调：必须坚持以人为本，要始终把实现好、维护好、发展好最广大人民的根本利益作为党和国家一切工作的出发点和落脚点。

法治建设以人民利益为出发点和归宿的共识逐步形成，人民群众的个性化需求、主人翁地位在各项法律制度中不断得到体现。

党的十八大以来，随着时代方位和社会主要矛盾的根本性变化，我们党从以前要解决“有没有”的问题，变为现在要解决“好不好”的问题。面对人民群众多方面日益增长的需要，我们党始终如一地把人民的利益放在最高位置，坚持人民至上的价值理念，把“人民对美好生活的向往”作为新时代党的奋斗目标，抓住人民最关心最直接最现实的利益问题，把人民群众的小事当作我们党的大事，从人民群众关心的事情做起，从让人民满意的事情做起，注重运用法治方式和手段维护和保障人民群众享有广泛的权利和自由。

习近平总书记指出：“推进全面依法治国，根本目的是依法保障人民权益。随着我国经济社会持续发展和人民生活水平不断提高，人民群众对民主、法治、公平、正义、安全、环境等方面的要求日益增长，要积极回应人民群众新要求新期待，坚持问题导向、目标导向，树立辩证思维和全局观念，系统研究谋划和解决法治领域人民群众反映强烈的突出问题，不断增强人民群众获得感、幸福感、安全感，用法治保障人民安居乐业。”①

如何才能让人民群众在每一项法律制度、每一个执法决定、每一宗司法案件中都感受到公平正义？以习近平同志为核心的党中央直面人民群众关注的“痛点”“难点”，大刀阔斧，刀刃向内，从人民群众最不满意的地方改起，从制度层面回应广大人民日益增长的美好生活需要。“要坚持以人民为中心，坚持从实际出发，坚持尽力而为、量力而行，以规范的程序、科学的决策维护重大公共利益、维护人民合法权益，促进社会公平正义，不断增强人民群众获得感、幸福感、安全感。”这是习近平总书记的高瞻远瞩，也是党中央对人民的庄严承诺。

在中央全面依法治国委员会第二次会议上，习近平总书记的话语掷地有声：“对食品、药品等领域的重大安全问题，要拿出治本措施，对违法者用重典，用法治维护好人民群众生命安全和身体健康。”食品药品监管执法司法督察组聚焦食品药品安全重点领域的司法难点，不发通知、不打招呼、不用陪同、不走设计路线，为全力保障人民“舌尖上的安全”直插一线；集中饮用水源地环境保护专项行动、蓝天保卫战重点区域强化监督工作、固体废物环境违法行为专项打击行动，各地各部门加

① 习近平：《坚定不移走中国特色社会主义法治道路 为全面建设社会主义现代化国家提供有力法治保障》，《求是》2021 年第 5 期。

大力度重拳出击，确保法律法规“长出牙齿”，为民解忧；人民法院的“一站式”多元解纷机制和诉讼服务中心，四级检察院同步实施的实体、热线、网络三大平台提供一站式服务，公安机关持续推出的驾照全国“一证通考”等一系列便民举措，司法行政机关推动的公证服务“最多跑一次”，多地信访部门的窗口从“隔墙喊”变“坐下谈”……

相当长一段时间以来，当人民群众权益受到侵害而寻求法律帮助时，由于种种原因，有时当事人的案件迟迟无法立案，甚至会出现损失扩大的情况。这种“立案难”的困境，给司法形象和司法权威带来极大损害。为了从制度源头上解决这一问题，2015 年 5 月 1 日起，人民法院改立案审查制为立案登记制。最高人民法院召开专门会议，针对年底不立案、拖延立案等群众反映突出的问题，出台指导意见，开通 12368 诉讼服务热线投诉举报功能，研发上线立案偏离度预警系统，彻底打通了立案登记制改革的“最后一公里”。

截至 2022 年 6 月 30 日，全国法院累计登记立案 13837.17 万件，其中，民事一审 9306.25 万件，行政一审 187.89 万件，刑事自诉 13.3 万件，国家赔偿 10.85 万件，首次申请执行 4318.88 万件，长期困扰群众的“立案难”问题已经成为历史。目前，全国法院平均当场立案率达 95.7%，天津、上海、浙江、福建、重庆、云南等地当场立案率超过98%。[①]

延续半个世纪的劳教制度被废止，检察机关开展公益诉讼更好维护公共利益，两亿非户籍人口因居住证改革在居住地“扎根”，防范权力干预司法的“防火墙”“高压线”不断筑牢，以审判为中心的刑事诉讼制度改革守牢防范冤错案件的底线……公平正义之光普照中华大地，亿万百姓有了更多获得感幸福感安全感。

中国共产党在带领全国人民实现中华民族伟大复兴的征程中，以人民为中心的法治理念不断凝聚发展，法治机制不断完善，法治保障不断强化，公民权益保障的法网正在中华大地上不断显现，人民群众办事依法、遇事找法、解决问题用法、化解矛盾靠法的氛围不断浓厚，持续推动法治社会春风化雨、沁人心田。

① 参见中华人民共和国最高人民法院：《中国法院的司法改革（2013—2022）》，人民法院出版社2023年版，第33页。

第三章

天下无讼、以和为贵的价值追求

听讼者，治其末，塞其流也。正其本，清其源，则无讼矣。

——《四书章句集注》

中华传统法律文化主张“天下无讼”“以和为贵”，秉持亲仁善邻的价值取向，崇尚人际和谐的社会环境。“不能使民无讼，莫若劝民息讼”。古代治理者以无讼为有德，通过道德教化劝民止讼；坚持官府调解和民间调解并行，通过定分止争促民息讼，从而实现和睦无争、礼义有序的社会状态。无讼与和谐体现着中华传统法律文化的一种价值取向。

儒家的“天下大同”、道家的“道法自然”、墨家的“尚同”主张、法家的“以刑去刑”等思想，都体现了对社会稳定和谐的价值追求。孔子教诲世人，“听讼，吾犹人也，必也使无讼乎”[①]，这一教诲在汉代以后成为大多数为官者的座右铭，而“无讼”也成为中国古代社会治理的最高境界。在古代宗法等级社会中，不管是中央还是地方，官府还是民间，无论是明堂天子、朝廷大员，还是斗米小官、亲族邻里，一直强调“严律己、明教化、知进退、息讼端、促和谐”[②]。在处理民间纠纷时，更是强调“调处息讼”，以此来稳定统治秩序，合情、合理、合法地解决当事人之间的纠纷。可以说，社会稳定、和谐有序既是中华

① 《论语·颜渊》。
② 陈玺，白婧霄：《良法善治 薪火相传》，《人民法院报》2021 年 7 月 2 日。

法治文明的重要价值追求，也是中国古代社会治理的最佳理想状态。

当今社会，随着经济的发展与社会的转型，我们所面对的时代条件正在发生天翻地覆的变化：公民权利意识日益增强，各种利益关系复杂交织，各类社会纠纷大幅增加，诉讼案件数量逐年增长。在此背景下，我们对中华传统法文化中“无讼”理念的借鉴，绝不能简单照搬照抄，而应当像习近平总书记在党的二十大报告中强调的那样：“在社会基层坚持和发展新时代‘枫桥经验’，完善正确处理新形势下人民内部矛盾机制，加强和改进人民信访工作，畅通和规范群众诉求表达、利益协调、权益保障通道，完善网格化管理、精细化服务、信息化支撑的基层治理平台，健全城乡社区治理体系，及时把矛盾纠纷化解在基层、化解在萌芽状态。”

传承中华优秀传统法律文化，大力弘扬承载着新中国红色司法文化的马锡五审判方式，坚持和发展以新时代“枫桥经验”为代表的基层社会治理模式，强调构建源头防控、排查梳理、纠纷化解、应急处置的社会矛盾综合治理机制，具有重要的时代价值和实践价值。这一模式与传统的“无讼”理念有许多相通之处，是传承发展中华优秀传统法律文化的生动体现。

第一节 “好人不见官”的由来

在中国传统观念中，诉讼就是“打官司”，俗话说得好，“一场官司三世仇”，两个人一旦打起官司来，无论最后谁赢谁输，结果都是不吉利的。所以如果发生争执和纠纷，但凡能够自行调解的，就不要去官府，不要去激化矛盾打官司，正所谓“好人不见官”。对于大多数中国人来说，“打官司”就像是瘟疫一样，唯恐避之不及。有人认为“打官司”就是公开“扬家丑”；有人认为“打官司”就是自找麻烦，宁愿自己“吃点亏”，也不愿意和别人对簿公堂。无论是在缺乏司法制度的古代，还是在法律相对完善的今天，“好人不见官”的心理根深蒂固。

根据法律史学家对古代中国法律观念的考察，以讼为耻，厌讼、贱讼等观念是中国古代社会普遍共有的心理。南宋诗人陆游在家训中讲，“纷然争讼，实为门户之羞、门户之耻”。元代吴亮编撰的《忍经》中有一首《莫争打》，开门见山写道：“时闲愤怒便引拳，招引官方在眼前；下狱戴枷遭责罚，更须枉费几文钱。”劝告人们遇事一定要学会克制和忍耐，因为一旦冲动伤人，就会惹上官司。《朱子家训》中更是有言：“居家戒争讼，讼则终凶”，旨在告诫子孙后代，在日常生活中要竭力避免发生争执而打官司，因为打官司无论胜负，都没有什么好结果。古代士大夫们将自己“厌讼”“贱讼”的心理，或通过书本，或通过家训的方式表现出来，不光自己不与人争讼，还告诫后人“莫与人讼”。

士大夫们“厌讼”“贱讼”，普通百姓对待各种纠纷也是敬而远之、退避三舍。有民间谚语说：“心中忿怒不如休，何须经县又经州，纵然费尽千般计，赢得猫来输去牛。”这句话的意思很明显，就是劝诫众人要忍耐，不要争讼，否则会得不偿失。山西平遥县衙正门门柱的对联就这样写道：“莫寻仇，莫负气，莫听教唆到此地，费心费力费钱，就胜人，终累己；要酌理，要揆情，要度时事做这官，不勤不清不慎，易造孽，难欺天。”衙门门口贴上这样一副对联，就是时时刻刻提醒民众，遇到纠纷时要学会克制忍让，千万不要轻信他人教唆来衙门告状。诉讼一定是伤财耗时的，官司一打起来，有可能会倾家荡产，精神上的耗费更是没办法计算衡量，所以即便是赢了也得不偿失。

中国传统社会的这种厌讼、贱讼心理，并非为个别人所持有，也不只是在某一时期才流行，而是在数千年里长期积淀形成的一种传统心理。其主旨是：忍让就能减少纷争，减少纷争就能减少诉讼，减少诉讼社会秩序就能和谐安定。这既是历朝历代统治者追求的理想治理模式，也是绝大多数民众期盼的生活状态。这些历史的积淀，久而久之让“好人不见官”的心理根植于人们内心深处。这种心理是长期发展的结果，其形成的原因较为复杂。

一、农耕的印记

中国的传统社会是农耕文明社会。农耕生活方式主要是人与自然界打交道，人与人之间的社会交往并不复杂，因此规范社会关系的法制也就相对简单；农耕文明的稳定性也深深地影响了中华法律传统[①]，这两方面因素的共同作用导致诉讼减少。

我国古代经济属于农业自然经济，受经济上小农性和重农抑商政策的影响，整个社会对农业的重视是有目共睹的，而对商业和商人则是限制的。《史纪·平准书》记载：“（汉初）天下已平，高祖乃令贾人不得衣丝乘车，重租税以困辱之。”这表明汉代抑商政策非常严苛，表现为“困”“辱”二字。“困”商，就是对商人进行经济打击，主要方式有：官营禁榷，重征商税，不断改变币制。“辱”商，就是对商贾进行政治上的打击，主要方式有：直接视经商为犯罪，实行人身制裁；锢商不得仕宦为吏；从服饰方面进行侮辱。整个社会机制的农业特质使得全社

① 参见范忠信：《中国法律传统的基本精神》，山东人民出版社 2001 年版，第 40—45、246—247、297—299 页。

会呈现出农业态势，自然对诉讼需要不旺，无讼便逐渐形成。[①]

在农耕文明的基础上，人们基于血缘、地缘和亲缘三维关系生活在一起，家庭血缘关系与等级制度结合在一起，演变成了宗法等级制度，其主要表现为政治意味非常浓厚的宗法文化。[②]宗法制度的核心是嫡长子继承制，宗法伦理文化的核心内容是“亲亲”“尊尊”，具体表现为国的家化、君的父化和君民关系的“父子格局”。同时，宗族制度的诸多社会功能体现在经济互助、维护宗族伦理、维护族众利益和稳定社会秩序等方面。[③]在这一系列制度的作用下，中国形成了独特的“家天下”“家国同构”的社会结构。人民大众由血缘关系聚族而居，由地缘关系邻里相望，相互关系盘根错节、枝蔓相连。这种社会结构又在发达的农业的作用下，形成了一种独特而典型的乡土社会。

在今天的中国大地上，许多自然村的地名都有着聚族而居的深刻历史烙印，比如陈家庄、李家村、林家大湾等。亲属成为左邻右舍，生活在一起，形成一个以熟人交往为主的“熟人社会”。在这样人口流动性不强的环境里，长期聚居于一个地域，人们之间形成互帮互助的熟人秩序，每人的情况都彼此了

---

① 参见范忠信：《中国法律传统的基本精神》，山东人民出版社 2001 年版，第 40—45、246—247、297—299 页。

② 郑定，马新建：《论宗族制度与中国传统法律文化》，《法学家》2002 年第 2 期。

③ 郑定，马新建：《论宗族制度与中国传统法律文化》，《法学家》2002 年第 2 期。

解、相互知晓，一旦有什么事，给对方打个招呼就行，人与人之间很容易形成“亲亲相隐”的关系。他们渴望的是“和气”，而不是争执与分歧，如果硬是要求他们在做每件事之前都签字画押立证的话，那简直就是“见外”。

和谐相处是人们追求美好生活的最高理想，而诉讼这种争端解决方式正是要将一切查明，然后再居中判决，这是一个开放式的过程，可能会使每个人都参与其中。这样一来，无疑大大增加了“家丑外扬”的概率，在人们内心深处当然是不可能接受这样的方式，可想而知，这“打官司”就无从发生了。

二、“以和为贵”的熏染

中国传统文化崇尚和谐，正如儒家所说：“礼之用，和为贵。”[1] 这是对和谐的赞赏。在两千多年的封建社会中，儒家思想处于绝对支配地位，“贵和持中、贵和尚中”的文化理念成为中国传统法律文化的特征之一。作为主流文化的儒家学说赞美“无讼”的理想状态，并一再强调“为讼”之害，可以说是以无讼为有德，以有讼为可耻，无讼是和谐家族与社会在司法上的反映和要求。

《周易》是我国最早的典籍之一，其讼卦传中，彖云：“终

① 《论语·学而》。

凶，讼不可成也。”说的是诉讼不是件好事，能止便止，如果坚持到底，必获凶。大象云：“天与水违行，讼。君子以作事谋始。”意思是争讼双方，就像天和水一样互相对峙，所以君子做事一开始就要谨慎，避免引起争讼，以达“无讼”的目的。九二小象云：“自下讼上，患至掇也。”意思是说：如果身份卑下的人与身居高位的人争讼，那就更不好了，大祸将会马上降临。上九小象云：“以讼受服，亦不足敬也。”因争讼得到的封赏虽然表面上荣耀，但并不让人敬服。

从《周易》体现的诉讼观我们不难看出，儒家“贱讼”“耻讼”“息讼”的思想始终贯穿其中，讼被视为祸首、是恶行，与人争讼不可长久，决不可互不让步，相持不下。如果事情的解决需要通过诉讼的话，就比较严重了，而且无论结果怎样，都是不吉利的，就算赢了官司也没什么可值得骄傲。

据史料考证，孔子作为儒家思想的创始人，是“无讼”论的奠定人和倡导者。“无讼”一词本身就源自孔子语：“听讼，吾犹人也，必也使无讼乎。”意思是我审判案件的过程和别人相比并没有什么不同，只不过我的目的在于让人们不去争讼。其实整个《论语·颜渊》所讲的就是孔子无讼主张的践行，“无讼”也是他为执政者定下的社会治理目标。

孔子在鲁国做大司寇时，有一对父子打官司，也不知道是案子太复杂还是什么原因，孔子连案由都没问就直接把“儿子”

关起来了，但是一晃三个月过去了，“父亲”迟迟等不来对“儿子”的宣判。这时“父亲”又跑来说要撤诉，孔子二话不说又爽快地把“儿子”给释放了。鲁国卿大夫季桓子听说这件事后很不高兴，说：这个老头居然骗我，他口口声声说一定要用孝道治理国家。现在只要杀掉一个人就可以警示那些不孝之子，但他却把不孝子给放了。孔子听后感叹道：哎呀！如果君主丢了原则，臣下就把他杀了，这样能行吗？如果不去教育百姓就去判决他们的官司，这是在杀无罪的人哪。孔子还引用《尚书》上的话说：“义刑义杀，勿庸以即，予维曰未有顺事。言先教也。”大意是：即使是正当刑罚，也不要立即执行，我们只能说自己没有把事情处理好，必须要先进行教育。

中国古人认为治国处事、礼仪制度、文化道德应当以“和合”为价值标准。所谓和，指的是和谐、和平、祥和；所谓合，指的是结合、融合、合作。孔子强调“君子和而不同，小人同而不和”[1]，既承认差异，又和合不同的事物，通过互济互补，达到统一和谐。《管子》则将和合并举，认为畜养道德，人民就和合，和合便能和谐，和谐所以团聚，和谐团聚，就不会受到伤害。秦汉以来，和合概念被普遍运用，中华和合文化得以产生、流传和发展，人与人之间应当相亲相爱，和睦相处成为被中国人普遍认同的人文精神，在历史上产生了重要而深远的影响。

---

① 《论语·子路》。

这种传统体现在法律文化当中，则是倡导和谐，注重调和，使冲突各方相互包容，共存并处。“和合”的前提则是遵礼法，守道德，正所谓“德教洽而民气乐”“礼义积而民和亲”[①]。由于中国古代家与国相通，亲与贵合一，“忠臣出于孝子之门”，“家齐而后国治”，家不仅是一种情感牵挂，更是一个人安身立命、修身立德的起点。

《礼记 · 大学》中说：“所谓治国必先齐其家者，其家不可教而能教人者，无之。”所以礼的出发点和归宿就是“亲亲尊尊”“父慈子孝”，“以正君臣，以笃父子，以睦兄弟，以和夫妇”[②]。礼之所去则刑之所取，违礼则入罪，所以“不孝”“不睦”等行为，在古代都是法律所禁止的大罪。这一切都体现了儒家在国家和社会治理中尚“和”的主张，期望通过“礼之用，和为贵”的德治教化，使人们产生“以讼为耻”的内省心理，从而达到“无讼”的目的，这对后世影响深远。

三、上者“息讼”的手段

孔子提出“无讼”主张时，正处于礼崩乐坏的时代，诸侯之间纷争四起，战事不断，有的诸侯为了胜诉，不惜重金贿赂

① 《汉书 · 贾谊传》。
② 《礼记 · 礼运》。

裁判者，更有甚者因争讼而酿成血案。正是在这种情况下，孔子力倡“无讼”，其目的在于通过“无讼”来维系君君臣臣、父父子子这一和谐稳定的礼治秩序。和睦相处既是大众共同需要，也是统治者所希望的，对和谐与稳定的追求是古代中国统治者的永恒目标。

《说文解字》曰:“讼，争也。”一旦涉讼，双方必然相争，而“争夺相杀，谓之人患”，即破坏了王权所要追求的“大同”秩序。诉讼通常涉及的不是一个人，而是一家一族，有的甚至好几代人纠缠于一件官司，尤其是败诉方一般都不会善罢甘休，成为社会秩序动荡不安的一大诱因。同时，诉讼需要很大的人力成本，在自然农业经济条件下会造成劳力的减少从而影响生产，对于家业微薄的人来讲，一旦进行诉讼说不定就会家破人亡。除此之外，部分执法者借诉讼谋取私利、贪赃枉法，严重损害百姓利益，造成官民之间的严重对立，使原有的阶级矛盾更加激化，从而成为大动荡的诱因和导火线，而所有这些都为统治者所忌讳。为了避免讼累所造成的不安定因素，统治者们极力推崇息讼、无讼，以减轻社会负担。

为了“息讼”，历史上的古圣先贤们绞尽脑汁想了很多办法，其中最常用的方式就是通过自己的身教言传来感化众人。相传舜帝就是一位“息讼止争”的高手。《史记 · 五帝本纪》中记载：历山的农民田界不清，舜帝来到历山后与农人一起耕地，一年后就把田界给划分清楚了。在河滨以打鱼为生的渔民为争夺有利地势而发生争斗，舜帝到河滨与渔民一起打鱼，一年后渔民们争相将好的地势让给长者。

舜帝通过自己的身教言传，感化了历山的农民、雷泽的渔民。舜帝居住的地方一年之后成了村落，两年之后成为城邑，三年以后便成了都市。可以说，舜帝以仁义诚信的模范带头作用化解了纠纷，为后世树立了“息讼止争”“以德止争”的榜样。其后的周文王，也以“笃仁、敬老、慈少、礼下贤者”而使周国境内“耕者皆让畔，民俗皆让长”。

经过后世儒者的提倡，舜帝、文王这种行德政以平决狱讼的方式，逐渐成为历代为政者的追求。历史上不少君王为求政权稳固、社会安宁、子民忠孝，通过发布圣谕的方式，劝导民众平息纷争。明太祖朱元璋就曾颁布六句二十四字的“圣谕六言”，即“孝顺父母，恭敬长上，和睦乡里，教训子孙，各安生理，毋作非为。”这成为明清统治者们进行道德宣传、倡导息讼和谐的总纲，使统治者对民众的教化工作进一步规范化和制度化。明末清初文学家、戏曲家李渔的《资治新书》记载，江宁地方官俞砚如到管辖地的第一件事就是出告示“劝民息讼”，告示言：“兹本县下车伊始，职在亲民，要知亲民吃紧关头，亦即在使民无讼。”

为了达到“无讼”的目的，历代统治者除了采取道德教化的手段，还从制度法律上进行了一系列的设计，其中最主要的方面有四个。

第一，诸法合体，民刑不分，以刑为主的严厉刑罚制度。从中国古代法律的内容体系上看，法律基本上是统治者维护江山、镇压百姓反抗的统治工具，并不是为了保护百姓合法权益而存在的，因此法律内容是以刑为主，民刑不分，民法、诉讼法等保护百姓权益的法律基本没有，整体上社会法律意识极其淡薄。另外，为了增加违法成本，让老百姓顺从听话，“族株连坐”就成为宗法等级观念森严时代的不二选择。早在殷商时期，“罪人以族”就开始实行，一人犯法，父母、妻子、兄弟一同治罪，滥施族刑；直到清代，“连坐”都是统治阶级镇压百姓、维护统治地位的最有效的强力措施之一。这种严厉残暴的刑罚制度，使得老百姓惧怕衙门官府，对打官司避而远之。

第二，替代官府裁判的调处制度。中国古代社会中存在着一个特殊的社会阶层——乡党。历代统治者通过强化乡党作用赋予其司法职能，以此来维护自身专制统治。为了减少讼争，县级以下宗族的祠堂组织和村社的保甲制度等具有强大的调解功能，积累了大量调解经验，还形成了一整套调解制度，这在今天看来，也算是一种行之有效的“非诉讼纠纷解决方式”。经过长时间发展，调处制度到清代逐步完善，一般分为三种形式：一是民间自行调处，也叫“私休”。一旦发生争执，不是直接对簿公堂，而是先找族长、乡保解决。如果一方已告官，可以等乡里调处成功后，再去官府销案。二是“官批民调”，就是官府接到民间诉状后，知县、知州认为情节轻微或者涉及亲族关系的，不值得或不便于公开传讯的，可将诉状转达到族长、乡保处。三是官府直接出面调处。客观上看，调处制度对平息争讼起到了巨大作用，也为“无讼”创造了有利条件。

第三，严格限制讼师职业。在中国古代社会里，律师这类给人们提供法律服务的人被贬为“讼师”“讼棍”，统治者对这一职业大肆贬伐，认为“健讼之盛，其根在唆讼之人”。中国最早的律师，应当是春秋末期郑国的邓析。他学识渊博，精通逻辑学，以研究辩论术著称，不但帮人打官司还传授法律知识和诉讼方法。但他太激进，不但反对礼治，而且主张“两可说”（就是在当时正统观点看来模棱两可、混淆是非的诡辩论）。最终邓析被当权者以“教讼乱制”为由处死，落得个陈尸示众的下场。当然邓析因讼被杀这个事例有些极端，主要是他太有“本事”，搞得郑国大乱，对统治者带来极大威胁。但这也不断警示后世统治者要对“邓析”这样扰乱社会秩序的“讼棍、讼师”之流严加限制。长此以往，在上位者的不断防范、限制和打击下，讼师这类职业越来越为人所鄙视，慢慢就失去了生存的土壤。讼师少了，自然而然人们从讼师那里获得法律援助的机会也就少了，通过讼师提出诉讼就更加不可能了。

第四，重征讼费。当事人在起诉时要向官府交纳一笔费用，这笔费用叫作诉讼费用。为了增加诉讼成本，达到禁讼息讼的目的，官府往往会向当事人征收高额的诉讼费用。《周礼·秋官司寇·大司寇》中载有两句话。第一句话是“以两造禁民讼，入束矢于朝，然后听之”。意思是：凡是涉及民事诉讼的，当事人必须交纳相当的诉讼费用，而这个所谓“束矢”相当昂贵，平民老百姓根本就无力交纳，自然就谈不上提起诉讼了。第二句话是“以两剂禁民狱，入钧三日，然后致于朝？然后听之”。意思是：凡是涉及提起刑事诉讼的，不仅要交呈诉状，还要交纳三十斤铜的诉讼费用，而且要到三日过后，司法机关才会受理。对于无力交纳高昂讼费的贫苦百姓来说，即使有天大的冤情，也只能沉冤海底了。重征讼费的目的在于“禁民讼”，客观上也起到“息讼”目的。

“好人不见官”心理的产生有其深刻的社会、思想及体制根源，在这些原因的共同作用下，“无讼”成为中国传统法律文化最重要的价值取向之一，这一理念及司法实践对我国古代治理产生了很大影响。社会对“无讼”目标的追求，使得礼让谦和的道德观念备受推崇，“以和为贵”的价值取向深入人心。

第二节　从“百人追兔”看“定分止争”

《慎子》曰：“一兔走街，百人追之，分未定也；积兔满市，过而不顾，非不欲兔，分定不可争也。”[1]有一只野兔在田野上奔跑，在这只兔子的身后，有很多人追着想要抓住它；但是市场上很多兔子，却没有人去抢，这是为什么呢？人们并不是不想要兔子，而是因为田野里的兔子权属没有确定，谁都有资格去追，而市场的兔子已经有了归属，就不能争了。

“一兔走街，百人追之”给了我们这样的启示：这世上的利益就像兔子一样，如果所有权归属不清，就会不断引起纷争；如果制定一套规则分清所有权归属，并由国家强制力进行权威背书，纷争就会停止。正所谓，“定分”才能“止争”。正如近代著名教育家陈启天所说：“法家以为未有法以前，人人争夺，毫无限制，遂成了一种混乱状态，欲求治安，必须将人民的权利和义务明白确定，这便叫作明分，明分然后可以止争，法就是明分止争的标准。”法律所谓“定分止争”，大概就是如此。

---

①《吕氏春秋·慎势篇》。

一、“百人追兔”，试问兔子归谁？

关于“百人追兔”的故事，战国时期的法家代表人物商鞅作了更为系统的阐释：“一兔走，百人逐之，非以兔为可分以为百，由名之未定也。夫卖兔者满市，而盗不敢取，由名分已定也。故名分未定，尧、舜、禹、汤且皆如骛焉而逐之；名分已定，贪盗不取。”[①]在法家看来，“争夺”是人类的天性，即使是圣人也避免不了。如果“名分”不定，就算是尧舜禹汤这样的圣人都会拼命去追逐利益；相反，如果“名分已定”，连贪婪的盗贼都不会起争夺之心。商鞅从而提出“定分”的重要：“故夫名分定，势治之道也；名分不定，势乱之道也”[②]，也就是说，“分未定”，在面临资源稀缺、物质匮乏的情况下，可能会因为“百人逐之”而出现社会混乱的局面；相反，在同等情况下，“分已定”则会导致“人虽鄙而不争”的局面。商鞅进而得出“治天下及国，在乎分定而已”的结论。商鞅用“百人追兔”的故事来证明法的重要作用，说明所有权在确定社会秩序方面的基本功能。

无独有偶，美国也有类似的案例，只不过他们争的不是兔子，而是狐狸。近代美国司法案件有一件关于狐狸归属的问

---

①《商君书·定分》。

②《商君书·定分》。

题——1805年狐狸案（皮尔逊诉波斯特案）：皮尔逊在野地里发现了一只狐狸，于是他带着猎狗开始追这只狐狸，追了很久终于把狐狸追得筋疲力尽。然而就在他快要抓住这只狐狸时，突然出现了另外一个叫波斯特的人，波斯特直接举起枪把狐狸给打死了，然后大摇大摆地扛着狐狸扬长而去。皮尔逊一怒之下将波斯特起诉到了法院。最终究竟“狐死谁手”呢？面对两难抉择，法官可以选择两种不同规则：一种规则是谁先看到狐狸，或者谁先追逐狐狸，那么这只狐狸就归谁拥有；另一种规则是谁先实际占有狐狸，谁才真正拥有这只狐狸。在这个真实案例中，法官最终选择了后一种规则。

为什么会这样选择呢？大家可以想一想，如果以谁先看到，或者谁先追逐狐狸为标准，必然会带来没完没了的纠缠，因为参与追逐狐狸的人可能有很多，谁都可以说是自己先看到或者先追逐的，而到底有哪些人看到或者参与追逐是难以确定的，最终只会导致所有权始终无法确定。因此，所有权归属的问题必然不能按照追逐原则来判断，而只能根据捕获原则，因为最终实际捕获到狐狸的人是唯一的且容易确定的。法律的最终目的正是通过明确权利来平息纠纷，而不是制造更多的争议。因此，一目了然，谁最终捕获就归谁的规则，才最符合法律的原则。

不管是兔子还是狐狸，其道理都是一样的：只有“定分”

才能“止争”。这两则事例，虽然一个源于古代中国的法治思想，一个来自近代美国的司法实践，但都反映了在社会治理中“定分止争”原则的核心追求及价值。它说明了两个问题：第一，在社会治理中，需要对作为财产的物进行“定分止争”；第二，对物进行“定分止争”的首要原则，是需要从社会治理的角度去权衡考虑“怎样做才更有利于对物进行‘定分止争’”。总而言之，“定分止争”不仅仅是一个国家社会治理的过程与结果，更是一个国家社会治理必须坚持的重要原则。

二、“定分止争”实现社会有序

在原始社会，法律尚未出现，每个人自己的个人意愿便是“法律”。那么，“法律”如何执行呢？那就得靠每个人的能力说话，靠暴力、比拳头。你说这个水果是你的，我说这个水果是我的，大家围绕“水果是谁的”产生了争议和纠纷，在那个时候，可没有所谓的法官出来主持公道，靠什么来裁决？就是靠暴力，谁打赢就是谁的。当一个人打不过对方时，他就依靠血缘关系叫来自己的亲朋好友当帮手，原本一场“一对一”的对决，就演变升级成了一群人对另一群人的群殴。人数越多、拳头越大、力量越强的一方，就能在力量的比拼中得到更多的食物、资源和领地。

但毕竟“三十年河东三十年河西”，谁又能保证自己所在的阵营永远是最强的呢？今天我强大我就来打你，等我弱小了必然会有人来打我。长此以往，战争周而复始，试问一个永远处于战争状态的社会，一个时时刻刻都缺乏稳定秩序的社会，如何发展生产力？如何发展进步？不管是谁，肯定都不愿意生活在这样的社会里。这时候“定分止争”机制的重要性就体现出来了：财产的所有权属确定了，财产便有了主人，在这一规则范围内自然就不会再发生纷争。

早在两千多年前，中国春秋战国时期的法家就对“定分止争”这一法律规则在实现社会治理方面的作用有了比较深入的思考。管仲提出“夫法者，所以兴功惧暴也；律者，所以定分止争也；令者，所以令人知事也。法律政令者，吏民规矩绳墨也。”[①]讲“百人追兔”的慎到提出了“塞愿望”的主张：“法虽不善，犹愈于无法。夫投钩以分财，投策以分马，非钩策为均也。使得美者，不知所以德；使得恶者，不知所以怨，此所以塞愿望也。”[②]大意是：制定法律的目的就是要去堵塞老百姓不合理的非分欲求，通过法律把百姓天生对物质的追求严格限定在合理范围内，只有这样才能避免社会纷争，从而维护社会安宁和谐。

商鞅则继承了管仲“定分止争”的观点和慎到“塞愿望”

---

①《管子·七臣七主》。

②《慎子·威德》。

的主张，进一步指明了法律最为重要的作用就是“定名分”。对物质利益的追求是人的天性，如果顺应这一天性而不加以节制，自然会引发社会纷争，想要维持社会稳定，必须通过法律法令来确定名分；名分定下来了，人的社会地位就固定了，相应的物质财富分配也固定下来；一旦人的名分、社会地位与自己所拥有的社会物质财富相匹配，就不会发生争夺，社会纷争制止了，战争也自然而然会避免。法的“定分”作用包括“定赏分财”“制土分民”“明分任职”等，这是战国时期以土地私有制为基础的财产私有观念在法律思想上的反映。由此可见，法律不仅维护人的私有财产权，更为重要的是通过维护等级制度来维持社会的稳定与和谐。

显然，私有财产所有权属明确、社会财富分配秩序合理有序，能够最大限度地减少社会纷争，实现社会安稳和谐。为什么私有财产所有权属问题在社会财富分配中能够起到如此重要的作用？孟子或许给出了一个相对合理的解释：“民之为道也，有恒产者有恒心，无恒产者无恒心”[①]，“是故明君制民之产，必使仰足以事父母，俯足以畜妻子，乐岁终身饱，凶年免于死亡。”[②]大意是：有一定财产收入的人，才会有一定的道德观念和行为准则，如果没有一定的道德观念和行为准则，就会胡作非

① 《孟子·滕文公上》。
② 《孟子·梁惠王上》。

为，违法乱纪，所以最根本的是让老百姓在生活上实现基本保障，只有这样才有可能实现社会安宁、政治稳定。

正是基于此，历代统治者们都始终谨记，通过“制民之产”的方式来维持和改善老百姓的基本生活，从而确保政权稳固，而“制民之产”的前提条件就是“定分止争”。

如何才能做到恰当的“定分止争”呢？如前所述，“定分”就是定名分，定归谁所有，用现在的话来说，就是确定权利归属。从法律角度看，通过全面明确合理配置权利义务关系，才能明确划定权属的界线，才能真正厘清每个人的行为界限，从而保持合理的个人空间和利益范围，确保行为不逾矩不越界，进而维护安定秩序。当然，以法律方式明确财产权归属，维护社会秩序，并不是因为法律能够做到绝对的“平均”，而是因为法律可以通过事先确定的公认规则来有效地实现社会有序运行，法律的方式使人们能够产生稳定的预期，以大公去除小私，以公平获得公信。

梁启超对此深刻阐明：“‘分’乱必争，自古亦然。政治主权未定，则如秦失其鹿，天下共逐之；经济产权未定，则纠葛必然；人之身份名义未定，则纷扰必增，矛盾蜂起。”[①]权利归属定分是消除矛盾、解决纷争，实现和谐之治的基础和前提，“定分——解纷——和谐”是形成良法善治法律秩序的规律总结，

① 冯玉军：《寻找法治的力量》，北京师范大学出版社2010年版，第215页。

这体现了中国古人对法律功能的深刻理解和价值追求。正是由于公平正义的法律制度能够明确划分财产权利边界，有效避免人治所带的“偏私”，人们才更容易接受，社会善治才更能得以实现。

三、“给物以名分”的法律

“定分止争”是法律的重要功能，是中国古代法家这一思想流派对法律基本作用的高度概括，它既是关于法律基本功能的一个古老命题，也是当今社会常用常新的治国理政工具，具有预防功能，尤其在现代社会中更加值得提倡。这一点，在2020年开始施行的《民法典》中有着更为充分的体现。

《民法典》关乎国计民生，是社会生活的百科全书，与我们每个人的生活息息相关。小到一颗纽扣、一块手表、一部手机，大到一幢厂房、一片绿林、一座矿山，皆存在所有权的归属问题。

《民法典》是一部权利法，也是社会主义市场经济的基本法。作为民商法律制度的核心内容，《民法典》不仅是确认和保护所有制关系的法律，更是规范市场经济的基本法律规则，通过调整因物的利用和归属相继产生的民事关系，通过确认和保护物权，进一步提升社会文明和法治文明，从而维护和落实社会主义基本经济制度。

《民法典》总则开宗明义规定:"民事主体的人身权利、财产权利以及其他合法权益受法律保护，任何组织或者个人不得侵犯。"可见《民法典》是保护民事权利的宣言书，其最大的核心作用就在于通过法律切实保障私权。当前社会经济生活中之所以会产生这么多纠纷，很大程度上与社会成员所追逐权益的归属不明、边界不定有着密不可分的关系。

《民法典》所创设的民事权利体系，其社会治理功能正是体现在通过公正配置权利、精确界定权利，对社会成员各种利益诉求予以度量分界，对错综复杂的各种利益关系予以度量分界，从而为社会治理提供法律保障。简单概括其度量分界的方法有三。

第一，明确权利归属。依据多种所有制形式，通过构建国家所有权、集体所有权、私人所有权三元结构，明确各种资源资产的权利归属。例如，通过明确自然资源、文物、国有资产、国家投资等权利的归属，建立健全了国家所有权制度，进一步规范了公共财产秩序治理，消解了国有资产管理的灰黑空间。

第二，厘清权利范围。以正面清单和负面清单两种方式明确权利的权能和客体范围。例如，第一千零三十四条第2款以正面清单方式列举了9类个人信息，从而明确了个人信息权客体的范围；第一千零三十三条以负面清单方式列举了6类侵害隐私权的行为，进一步明晰了隐私权权能的范围。

第三，划定权利边界。通过规定权利人的必为性或禁为性义务、授权相对人合理使用权利、豁免相对人的民事责任等方式，划定权利人的权利边界。比如，通过规定不动产权利人提供必要便利的义务，明确了不动产权利人的禁为性义务，从而划清了不动产权利行使的边界；通过列出5种不经肖像权人同意而使用肖像的情形，通过规定影响他人名誉的免责情形，构成了肖像权、名誉权行使的边界。

从现代法治思维的角度来看，“定分止争”中的“分”具有划分职责权利之界限的意思，《民法典》“物权编”首要任务就是明晰界定产权，通过明确物的所有权归属，充分发挥法律定分止争的规范作用，给物以名分。在社会主义市场经济条件下，所有权归属清晰是现代产权制度的首要特征，也是财产交易权责明确、流转顺畅的前提。

每一部法律在一定程度上都有“定分止争”的功能，“定分”是“止争”的前提，“定分”是手段，“止争”是目的，“定分”则能“止争”。《民法典》“物权编”尤其能体现通过“定分”以“止争”这一法治思维。无居民的海岛属于谁？《民法典》“物权编”明确规定无居民海岛属于国家所有，国务院代表国家行使无居民海岛所有权。作为房屋业主，建筑物如何区分所有权？《民法典》“物权编”明确规定建筑物屋顶、外墙、无障碍设施等属于业主的共有部分，改变业主的共有部分的用途或者利用共有部分从事经营活动都要由业主共同决定，利用业主的共有部分产生的收入，在扣除合理成本之后，属于业主共有。《民法典》“物权编”正是通过明确物的所有权归属，以物权“定分”，划出职责权利之“界限”，使人们恪守本分、各尽其能、各得其所而又和谐相处。①

第三节　从“马锡五审判方式”到“枫桥经验”

发轫于数千年前的中国调解制度，是追求安居乐业的农业社会的产物，它贯穿于整个中国古代社会，反映了儒家“无讼”与和谐的理想价值追求，在和睦邻里、稳定秩序、安定社会等方面具有显著作用。这一制度既体现了中国古人的法律智慧，也与现代社会发展的价值观贴切契合，蕴含着人类社会发展的普遍追求。调解制度的核心理念在于“和谐”二字，这一理念在现代中国社会的纠纷解决中也被越来越多人所接受，并发挥着其他制度无法取代的作用。

70 多年前陕甘宁边区干部大会上，毛泽东同志给陇东分庭

① 王雷：《物权编定分止争、物尽其用功能显著》，《检察日报》2020 年 6 月 8 日。

庭长马锡五题词“一刻也不离开群众”，高度肯定了边区法院为民的立场原则。“马锡五审判方式”蕴含着“定分止争、惩恶扬善、安居乐业”的政治效果、法治效果和社会效果相统一的价值追求，立起了边区政法战线的一面旗帜。

60 年前，浙江诸暨干部群众创造了“发动和依靠群众，坚持矛盾不上交”的“枫桥经验”。它是以人民为中心共建共治共享的基层社会治理经验，蕴含着依靠群众、以人为本的思想，注重矛盾调解机制、纠纷预防机制、发挥村民自治，强调自治、法治、德治三治相融合，是我们党治国理政的宝贵经验。“枫桥经验”凝结着一代又一代共产党人带领人民创新社会治理的不懈探索，历经时代淬炼而不朽，迸发出穿越时空的旺盛生命力。

一、方式多元的传统调解制度

调解制度在中国有着悠久的历史。《周礼》记述西周官制时，就有对“调人”职掌的描述：“司万民之难而谐和之。”[①] 一些涉及婚姻、田土等的纠纷要通过调解来解决，甚至一些过失杀伤人的刑事案件，也可以用调解的方式解决：若有争讼者，先说和，即“成之”，“不可成者，则书之，先动者诛之”[②]。意思

①《周礼·地官·调人》。

②《周礼·地官·调人》。

是说，产生纠纷先调解，如果调解不成，就先记录在案，双方不得私自再起事端，如果一方再次挑起事端，则依法惩处。

《唐律疏议》中有一条关于解除婚姻的条款，即“义绝离之”，规定夫妻若感情不和，可协议离婚，法律不予干预。这一条款间接证明“调解”具有的法律意义。到了元代，调解制度正式入律，具有官方承认的法律效力。《通制条格·理民》记载：“诸论诉婚姻、家财、田宅、债负，若不系违法重事，并听社长以理喻解，免使妨废农务，烦扰官司。”

无论是从形式还是从目的上看，在古代社会，调解更倾向于“礼治教化”的范畴，可以说是一种社会普遍认可的“习惯法”。西周时期的乡遂、秦汉时期的乡亭、隋唐时期的里坊等负责人都负有调解纠纷的责任，而明代更是将基层负责人解决纠纷的责任制度化。

顾炎武《日知录》记载：“《太祖实录》：洪武二十七年四月壬午，命有司择民间高年老人公正可任事者，理其乡之词讼。若户婚、田宅、斗殴者，则会里胥决之。事涉重者，始白于官。若不由里老处分而径诉县官，此之谓越诉也。”[①] 从这句话中可以看出乡里“老人”在解决纠纷、维护社会稳定方面所起到的作用。

中国传统调解分为官府调解和民间调解两种形式。民间调

①《日知录·乡亭之职》。

解又可以分为两种。一种是“诉讼外调解”。即纠纷发生后，在亲属邻里的调解下，当事人双方自愿或以协议的方式达成和解。这种调解也称为“说合”。另一种是“官批民调”。即纠纷发生后，当事人诉讼到官府，经一定程序后，如果当事人更愿意在基层社会组织的调解下来解决纠纷的，可以撤诉，由官府委托当地的乡官、耆老、族长等调处。这种以庭外和解的方式来了结纠纷的调解属于半官半民性质，也被称为“纠纷处理中的第三领域”。官府调解、民间非诉讼调解和半官半民的庭外调解这三种调解方式，既有共同点也有区别。

官府调解。在所有纠纷调解中最具权威性的是官府调解。由于中国古代地方行政长官兼理司法，因此，官府调解的任务主要落在州县等地方行政长官身上。在儒家无讼思想的影响下，讼清狱结被作为考核地方官的重要指标，对民事案件或轻微刑事案件，调解劝和是地方官吏的普遍做法。

《梁书 · 陆襄传》就记载了陆襄在任鄱阳内史期间是如何进行调解的。彭、李两家人因为一些事情争斗不休，后发展为互相诬告诉至官府，陆襄受理后将二人引入内室，并没有斥责他们，而是和颜悦色地反复劝解，在陆襄动之以情、晓之以理的劝解下，“二人感恩，深自咎悔”，随后陆襄又为他们“设置酒食，令其尽欢”，喝完了酒的两个人就勾肩搭背、称兄道弟地一起回家了，感情也亲厚起来。陆襄也因治郡有方被老百姓称颂：

“陆君政，无怨家，斗既罢，仇共车。”[①]

民间非诉讼调解。中国自古就有“家丑不可外扬”的说法，因此在熟人社会中，纠纷的解决很大程度上依赖于亲人和邻里的调解：一旦发生纠纷，借贷、土地租赁、土地买卖等契约中的“中人”，婚姻中的“媒人”，就会以“中间人”的角色在调解说和中发挥重要作用。如果没有中间人可以求助的，那么在社区和宗亲中年老有德者、在村民中享有威望者、在基层行政组织中的一些负责人如保甲长、村长等也会充当调解人。[②]正是对亲情的重视，对“和谐”的追求，为民间非诉讼调解开拓了广阔的空间。

半官半民的庭外调解。当民间的非诉讼调解不管用时，当事人一纸诉状投向官府。官府在收到诉状后，认为应当开堂审理的，案件会进入官方司法程序；认为案件不需要开堂审理的，就会发给乡保等地方基层组织负责人继续调解。这种调解与民间调解有些许不同：一是调解人基本上是固定的，主要是村舍基层组织的负责人；二是这种调解具有官方性质，官府已经备案，有的甚至还明确提出了有关纠纷解决的原则性建议。

如果要对古人解决纠纷的理念作个梳理的话，大致可以总结为三点：第一，日常生活中的纠纷虽不可避免，但诉讼应谨

① 《梁书·陆襄传》。

② 曾宪义：《关于中国传统调解制度的若干问题研究》，《中国法学》2009年第4期。

慎；第二，解决纠纷最好的方法是“以理”调处，打官司是不得已而为之；第三，清官难断家务事，解决纠纷应力求不伤及双方当事人中的任何一方。在这种和谐思想的影响下，一旦亲人邻里之间的纠纷诉讼到公堂，官府也常常采用拖延的方式，让当事人双方冷静下来，另寻解决问题的途径。

总之，在中国古代多元的调解机制中，双方当事人可以灵活选择纠纷解决的方法和具体调解人，相应地，调解人所采取的调解方式也具有多元性。在近代中国，这种以传统调解方式来解决纠纷的办法依然普遍存在。

二、从“刘巧儿案”看“马锡五审判方式”

1956 年，评剧电影《刘巧儿》在全国放映，引发巨大轰动。剧中，刘巧儿反对封建包办婚姻、争取婚姻自由的故事，感染和影响了一代人。剧中的“刘巧儿案”源自 1943 年陕甘宁边区陇东分区专员、边区高等法院陇东分庭庭长马锡五主审的“封捧儿婚姻案”，这是一起典型的“一女三嫁”案，剧中“刘巧儿”的原型就是该案中的原告封捧儿（后改名封芝琴）。

该案发生在抗日战争时期，当时陕甘宁边区的一些县形成了一种习俗：“婚姻成立以交付彩礼为准”，也就是说只有交钱（彩礼）才有亲，无钱无亲事，有的地方甚至更严重到普遍实行买卖婚姻。1928 年，家住甘肃华池县的封彦贵，将自己年仅 5 岁的女儿封捧儿与张金才的次子张柏定为“娃娃亲”。1942 年 5 月，为了换取高价彩礼，封彦贵又将女儿许诺给张宪芝的儿子为妻，后经张金才告发才被华池县政府撤销。1943 年 3 月，为了换取高价彩礼，封彦贵将女儿许诺给朱寿昌为妻。

封彦贵“一女三嫁”，遭到了封捧儿与张柏的强烈反对。长大了的封捧儿与张柏两相情愿，坚决反对包办买卖婚姻。张柏的父亲张金才因为急于让封捧儿与张柏成婚，百般无奈之下聚集户族亲戚，闯至封家暴力抢婚。1943 年 5 月，华池县司法处以非法抢婚为由判决张金才徒刑 6 个月，宣告封捧儿与张柏婚姻无效，并没收彩礼。封彦贵因一审判处张金才刑罚太轻，要求上诉。封捧儿坚决反对一审判决，主张婚姻自主，意欲告状。

1943 年，马锡五在陕甘宁边区陇东分区的华池县了解到这起案件，发现当地群众批评华池县司法不公。老百姓们普遍认为，封彦贵一女三卖，违反政府婚姻法在先，理应受到法律制裁，而封捧儿与张柏两个年轻人是两情相悦，为何非要拆散？马锡五主动调查此案，先是向当地区乡干部和附近群众全面了解本案的真实情况和舆论趋向，接着他认真倾听封捧儿的陈诉，耐心细致作解释，同时将张柏放出，听取了他的意见。后来马锡五又深入附近村子向老百姓们仔细核实案件情况。

全面掌握案情后，马锡五同县司法处裁判员举行了群众性的公开审判。公开审判中，他认真听取到场群众的意见，群众一致认为：封彦贵三番四次强行卖女，公然违反了婚姻条例，应该受到处罚；张柏之父张金才深夜聚众暴力抢亲，既有伤风化，又妨碍社会治安，更应该受到惩罚；但是对于封捧儿与张柏这两个年轻人，群众都认为他俩绝不能被拆散。

经公开审理，法庭当庭宣判：一是依法撤销原判；二是依据边区婚姻条例规定，封芝琴、张柏自愿结婚，符合婚姻自主原则，准予结婚，但应履行登记手续；三是张金才等人聚众抢亲，扰乱社会秩序，依法判处徒刑或劳役；四是封彦贵屡次出卖女儿、包办婚姻，判处劳役。事后因张金才家属要求减轻处罚，经陇东分庭请示边区高等法院，最后决定对张金才等提前假释或宣告缓刑，并责令封彦贵退还朱寿昌的部分财物，以弥补其损失。

可以说，在这个婚姻案的判决中，马锡五充分尊重了双方当事人的真实意愿，将当地的风俗传统与拒绝买卖婚姻、倡导婚姻自由自主等先进理念的法律政策紧密结合起来，既严厉打击了封建社会包办买卖婚姻，又保护了封捧儿与张柏两人的自由自主婚姻，还惩罚了封彦贵和张金才等人的违法犯罪行为。宣判后受到群众一致拥护，马锡五也被群众亲切地称为“马青天”。

马锡五是陕西省保安（现为志丹）县人，1930 年参加刘志丹领导的红色游击队，从事创建陕甘苏区的斗争，后兼任陕甘宁边区高等法院陇东分庭庭长。在从事司法工作中，他经常深入群众进行调查研究，实行巡回审判，及时纠正和解决了一些错案疑案，使违法者受到制裁、无辜者获得平反，当事人的合法权益得到保障。

1943 年 2 月 3 日，毛泽东同志为马锡五题词："一刻也不离开群众。"1944 年 1 月 6 日，陕甘宁边区政府主席林伯渠在《边区政府一年工作总结》中指出，"提倡马锡五同志的审判方式，以便教育群众"，首次提出以马锡五名字命名的审判方式，这种贯彻群众路线深入调查研究、实行审判与调解相结合的办案方法被称作"马锡五审判方式"。

时任绥德地委书记的习仲勋同志结合"马锡五审判方式"谈司法工作时说："中国这个社会，老百姓怕'官'，怕'老爷'，是见惯了的。但在我们这里，假如有一个司法人员，仍然是'断官司''过堂'，板起面孔，摆起架子，叫人家一看他是个'官'，是个'老爷'，那就很糟糕。"[①] 习仲勋同志还指出，我们的司法工作人员，必须要有走出"衙门"、深入乡村，"把屁股端端地坐在老百姓的这一面"[②]。

---

① 转引自韩伟：《马锡五审判方式的历史情景及现实价值》，《人民法院报》2016 年 9 月 6 日。

② 转引自韩伟：《马锡五审判方式的历史情景及现实价值》，《人民法院报》2016 年 9 月 6 日。

“封捧儿案”以下乡办案、主动查案、就地审理、群众参与、依法判决的实践特点，集中体现了“马锡五审判方式”蕴含的实事求是的司法态度、依法办案的原则精神、群众路线的审案方式、民主公开的审判作风。从“封捧儿案”到“刘巧儿案”的转换和提升，充分彰显了“马锡五审判方式”深入人心、深得民心。

马锡五从陕甘宁边区当时独特的风土习俗与传统文化出发，创造性运用独具中国本土特色的息讼止争的调解制度，奠定了调解制度的两大基本原则。一是自愿合法原则。无论是在诉讼前还是诉讼中，当事人双方均是在不违背边区施政纲领和边区政府颁布的现行政策法令的基础上，根据自身意愿来达成和解；二是平等协商原则。为促进案件顺利解决，调解过程中双方当事人摆事实、讲道理，平等协商，实现事了案结。

这种调解方式的目的与传统中国司法实践中常见的调解不同，传统调解的主要目的是遏制诉讼行为的发生和诉讼案件的增加，而“马锡五审判方式”是通过合法平等的协商达成积极的司法效果，这正是马锡五司法实践中的创造性所在，也是中国司法制度建设上的一次突破。

“马锡五审判方式”确立了“方便群众诉讼，方便法庭办案”的“两便”原则。在从事司法工作期间，马锡五经常携案卷下乡，巡回审理、就地办案，不仅方便了当事人诉讼，节约了诉讼时间和成本，也有利于开展普法宣传教育。在封捧儿婚姻纠纷案中，从封捧儿家到陇东分庭所在地的庆城县大约有七十多华里，山路居多，还要穿过几片灌木丛，跌跌撞撞地走一天才能到。正是通过在这些地方的实地查访，马锡五真实体会到了劳苦大众诉讼之艰难，以及对司法公正的迫切渴求。

走出法庭，走向田间地头，正是对底层偏远民众“渴求”的及时回应。在陇东这一交通极为不便的山区，“送法上门”的主动作为受到了群众的高度欢迎。通过巡回审理、就地办案和简单易行的工作方式，边区高等法院建立起了联系群众、依靠群众、便利群众、宣传法令和政策的民主诉讼方式，催生了人民法庭这一审判组织，从而确立了新中国人民司法的重要审判原则和制度。[①]

“马锡五审判方式”形成了“宜调则调，宜审则审，不拘形式”的“调审结合”结案模式。在处理“调审关系”问题上，一个案件如果可以调解结案，就优先采用调解方式结案；如果一个案件中部分可以调解结案，就部分采用调解方式结案。比如，在封捧儿婚姻纠纷案中，对于“封捧儿与张柏婚姻是否有效”的认定，采用调解的方式来结案；对于“封捧儿父亲买卖婚姻与张柏家族抢婚行为”的认定，则采用审判的方式来结案。这种结案模式正是“马锡五审判方式”的灵魂所在，减轻了人

① 韩伟:《马锡五审判方式的历史情景及现实价值》,《人民法院报》2016年9月6日。

民群众的“讼累”，化解了矛盾纠纷，实现了案结事了人和。马锡五“调审结合”的结案模式，突出体现了三个特点：第一，“情”不逾“理”是民事案件审理的基础，是对当事人人格的尊重；第二，“理”不破“法”是民事案件审理的基本要求，是对社会秩序的保护；第三，以法衡量“情”与“理”，是审理民事案件的关键，是司法核心价值观的践行。

“马锡五审判方式”开启的独具中国特色的调解制度，被誉为司法界的“东方之花”。新中国成立后，这朵“东方之花”继续绽放。1954 年《人民调解委员会暂行组织通则》的颁行，在中国特色社会主义司法制度发展史上具有里程碑意义；1982 年《中华人民共和国宪法》第 111 条将人民调解委员会确认为基层民主自治的重要形式；1982 年颁布的《中华人民共和国民事诉讼法》正式将人民调解制度写入。

2020 年 11 月，习近平总书记在中央全面依法治国工作会议上再次高度赞扬“马锡五审判方式”，并强调要积极回应人民群众新要求新期待，传承中华优秀传统法律文化，从我国革命、建设、改革的实践中探索适合自己的法治道路。

如今在一些交通不便的地区，当地法院也在积极践行“马锡五审判方式”，因地制宜推出了各具特色的司法审判形式，如“马背上的法庭”“地头边的法庭”“车轮上的法庭”“背包法庭”等。这些审判形式，最大限度地拉近了法院与群众的距离。

互联网时代的到来，也给“马锡五审判方式”插上了科技的翅膀：依托全国四级法院和 1 万多个人民法庭建立的“立案协作网”，截至 2022 年 7 月底已经累计为群众提供“异地受理、无差别办理”的跨域立案服务 15.5 万件。[①] 全国法院 100% 应用“人民法院在线服务”小程序，总访问量高达 27 亿多次，网上立案申请总量累计 1960.15 万件，平均每分钟就有 41 件案件通过网上立案，有 30% 以上立案申请当事人在非工作时段和非工作日提交。[②]2018 年至今，依托人民法院在线调解平台，在线调解案件累计超过 2962 万件，7.8 万家调解组织和 32.8 万名调解员通过人民法院调解平台开展工作，平均每个工作日有 4.68 万件纠纷在人民法院调解平台调解，每分钟就有 57 件成功化解在诉前，平均调解时长 12 天，不到一审民事案件平均审理周期的三分之一。[③]

集约集成、在线融合、普惠均等的中国特色一站式多元纠纷解决和诉讼服务体系全面建成，广大人民群众真正享受到了菜单式、集约式、一站式多元解纷服务，真正做到方便快捷、

① 参见中华人民共和国最高人民法院：《中国法院的司法改革（2013—2022）》，人民法院出版社 2023 年版，第 34 页。

② 参见中华人民共和国最高人民法院：《中国法院的司法改革（2013—2022）》，人民法院出版社 2023 年版，第 34 页。

③ 参见中华人民共和国最高人民法院：《中国法院的司法改革（2013—2022）》，人民法院出版社 2023 年版，第 35 页。

诉非对接、线上线下联动。

三、“枫桥经验”——基层社会治理的中国方案

2021 年 11 月 11 日，《中共中央关于党的百年奋斗重大成就和历史经验的决议》（以下简称《决议》）在党的第十九届中央委员会第六次全体会议上正式通过。《决议》第四项第八条中指出:“坚持和发展新时代‘枫桥经验’，坚持系统治理、依法治理、综合治理、源头治理。”2022 年 10 月 16 日，中国共产党第二十次全国代表大会上的报告《高举中国特色社会主义伟大旗帜，为全面建设社会主义现代化国家而团结奋斗》中第十一部分第四项指出：在社会基层坚持和发展新时代“枫桥经验”，完善正确处理新形势下人民内部矛盾机制。

什么是“枫桥经验”？它诞生于我国社会主义建设初期。在 20 世纪 60 年代初，浙江省诸暨市枫桥区委在对“四类分子”，即地主、富农、反革命和坏分子进行改造中，采取了发动群众开展说理斗争的方式，形成了“矛盾不上交，就地解决，实现捕人少、治安好”的做法。在当地群众看来，如果只是把没有改造好的“四类分子”抓到监狱去，让一个警察来管教 100 个“四类分子”，那倒不如把他们交给群众来监督。100 个群众教育监督一个“四类分子”，就算是铁石心肠也会被软化。

正是因为采纳了群众的意见，把敌我矛盾转化成为人民内部矛盾，极大地缓解了阶级矛盾。1963年毛泽东同志对枫桥区的做法给予了肯定，他讲："这叫矛盾不上交，就地解决"，并立即作出重要批示，要求"各地仿效，经过试点，推广去做"。[①]在与有关负责同志口头谈话时，毛泽东同志指出"枫桥经验"回答了两个问题："一是群众为什么懂得要这样做；二是证明依靠群众办事是个好办法。从诸暨的经验看，群众起来之后，做得并不比你们差，并不比你们弱，你们不要忘记动员群众，群众工作做好了，还可以减少反革命案件，减少刑事案件。"[②]

1964年1月，中共中央发出了《关于依靠群众力量，加强人民民主专政，把绝大多数"四类分子"改造成新人的指示》，把"枫桥经验"推向全国。此后"枫桥经验"成为全国政法战线的一面旗帜，各地纷纷掀起了学习推广的热潮。

改革开放初期，为了调动一切积极因素来发展经济，枫桥区再一次冲破"禁区"、勇敢尝试，率先给大批表现良好的"四类分子"摘帽，将这些不稳定的社会消极力量成功转化为稳定的社会积极力量。这些被成功摘了帽的"四类分子"迅速投入社会经济建设中，融入社会的正常生活中，为社会主义建设贡

① 转引自陆健，严红枫：《"枫桥经验"：基层社会治理的中国方案》，《光明日报》2021年3月17日。

② 转引自陆健，严红枫：《"枫桥经验"：基层社会治理的中国方案》，《光明日报》2021年3月17日。

献自己的一份力量，可谓“摘掉一顶帽、调动几代人”。有了枫桥区的这一大胆尝试，不久之后中央便作出决定：凡是多年来遵守政府法令、老实劳动、不做坏事的“四类分子”，一律摘帽。

随着改革开放的逐步深入，由社会经济结构和利益调整所引发的各类矛盾越来越多，面对这一情况，诸暨市枫桥区仍然坚持依靠群众就地化解矛盾纠纷，探索社会综合治理和平安建设的新模式，实现了“小事不出村、大事不出乡、矛盾不上交”，开创了案件少、社会稳、经济发展好的良好局面，成为全国综合治理的典范和平安建设的首创者。2003 年，时任浙江省委书记的习近平同志指示，要充分珍惜“枫桥经验”，大力推广“枫桥经验”，不断创新“枫桥经验”。自此之后，“枫桥经验”开始向更高水平治理进行转型。①

进入新时代，社会矛盾纠纷更加多样复杂化，面对新情况新问题，诸暨市实施基层党建“五大引领”工程，着力构建党统一领导下人民群众广泛参与、各类组织积极协同的基层治理体系；同时创建了司法调解、行政调解、行业调解、企业调解等多元化人民调解平台，形成了“矛盾不上交、平安不出事、服务不缺位”的新经验，走出了一条具有中国特色的基层社会

①《新时代“枫桥经验”写入党的百年奋斗重大成就和历史经验的决议》，《浙江日报》2021 年 11 月 17 日。

治理新路。

2013 年 10 月，习近平总书记就继续坚持和发展“枫桥经验”作出重要指示，他强调：各级党委和政府要充分认识“枫桥经验”的重大意义，发扬优良作风，适应时代要求，创新群众工作方法，善于运用法治思维和法治方式解决涉及群众切身利益的矛盾和问题，把“枫桥经验”坚持好、发展好，把党的群众路线坚持好、贯彻好。

2019 年以来，“枫桥经验”陆续被写入《中国共产党农村基层组织工作条例》、《为人民谋福利：新中国人权事业发展 70 年》白皮书。2020 年 11 月，习近平总书记在中央全面依法治国工作会议上强调，要完善预防性法律制度，坚持和发展新时代“枫桥经验”。

公正高效化解矛盾纠纷、实现定分止争，是推进国家治理体系和治理能力现代化的重要内容，也是法治社会建设的题中应有之义。习近平总书记强调，要加强和创新社会治理，坚持和完善新时代“枫桥经验”。面对新时代我国社会主要矛盾的变化，“枫桥经验”也在不断创新工作理念和工作方法：在治理理念上，从原来的侧重社会稳定转变为促进社会全面进步，推动基层社会治理实现现代化；在治理主体上，从原来的一元治理转变为多元治理，形成共建、共治、共享的社会治理格局；在治理方式上，从原来的传统治理转变为数字治理、被动治理转变为主动治理、事后治理转变为事先预防，形成了系统治理、依法治理、综合治理、源头治理的现代治理体系。在习近平新时代中国特色社会主义思想科学指引下，新时代“枫桥经验”承载着人们新的期待。

第四章

德主刑辅、明德慎罚的慎刑思想

天出阳，为暖以生之；地出阴，为清以成之。不暖不生，不清不成。然而计其多少之分，则暖暑居百而清寒居一，德教之与刑罚犹此也。故圣人多其爱而少其严，厚其德而简其刑，以此配天。

——《春秋繁露·基义》

明德慎罚是西周时期的重要政治法律思想，来源于黄帝时代以德为主、德刑相济的治道观念。“明德慎罚”出自《尚书·康诰》，从字面上来理解，“明德”就是指加强自我克制，倡导敬德、重德、保民、惠民；“慎罚”是指适用刑罚手段时要谨慎，应当避免滥刑、禁止滥杀无辜。“明德慎罚”的法律思想可以概括为“崇尚德政”和“慎用刑罚”，即强调重视道德教化和刑罚适度宽缓。后世的德主刑辅就是西周明德慎罚思想的发展和深化，并成为历代统治者治理国家的主流观点。在西周明德慎罚思想基础上形成的德主刑辅成为秦汉以后治国理政的主体模式，在历史上为国家的长治久安、社会的和谐稳定起了持久而积极的作用，也为今天的国家治理模式的创新实践提供了重要资源。

第一节　大德而小刑

在中国的传统政治法律领域，德教与刑罚是历代政治家们关注的永恒命题，也是历代立法价值取舍的依据。大德小刑，或曰德主刑辅，是中华法系的重要精神，是我国传统法律思想的关键内容。它起源早，流传远，历经古代中国社会政治法律的实践，以两千多年的生命力向世人证明了其自身存在的价值，是传统社会主流意识形态的重要组成部分。

一、西周的“明德慎罚”

在夏商奴隶制形成和发展时期，奴隶主贵族作为统治者，为了巩固自身的统治地位，逐渐开始宣扬“王权神授”“代天行罚”等神权法思想，以便为自己的统治蒙上一层神圣的色彩。比如“天命玄鸟，降而生商”[①]，宣传的就是殷商的先祖是天帝命令神鸟降临人间生下的，商王是神的后代，服从王命就等于服从神命，违抗王命就等于违抗神命。商王以神明后代的身份来

①《诗经·玄鸟》。

统治百姓，其野蛮、残酷的刑罚顺理成章地成了“代天行罚”。但是商纣王暴虐无道，招致臣民的激烈反抗，商朝最终走向灭亡，被西周取代，这就使人们对神权产生了怀疑。既然商王是神的后代，那为什么神不再保佑商王，转而授命于周呢？

在这样的背景下，西周统治者在继续宣扬天命的同时，强调一个“德”字，用“德”作为“天命”的补充。“唯命不于常”，“皇天无亲，惟德是辅”[①]。也就是说，“天命”并不是一成不变的，只有有“德”者才可以承受“天命”。过去，商王有“德”，所以有“天命”归商，但后来的商王不知“敬德”，所以“早坠厥命”。现在周王有“德”，所以“天命”便归周而弃商了。西周统治者用“以德配天”的说法，为西周的统治找到了理论根据。

在周人看来，“德”有三层含义：第一，取得天下不可全靠武力，维系统治也不能只用绳索，关键在于人心向背；第二，以战争俘获奴隶并用绳索加之以防逃跑，这是一种暂时的“得”，而民心归附则是真正永久的“得”；第三，统治者要获得民心，必须关心民间疾苦，“怀保小民”。因此，对周人而言，“德”便成了“天”和“人间”的重要枢纽，成了统治阶级应当具备的一种资格和品格。由此，周人结束了“迷信鬼神，不重人事”的时代，开创了“既信鬼神，兼重人事”的新纪元。西

① 《尚书·蔡仲之命》。

周“德”观念的产生，直接促成“以德配天”的君权神授说的形成，促进了“明德慎罚”思想的出现，为日后“德主刑辅”思想的形成奠定了基础。

和夏商奴隶主一样，西周统治者一方面宣扬“天命”说、“天罚”论为其统治寻找理论依据；另一方面，又从商朝灭亡的历史教训中认识到仅靠“天罚”不足以平息奴隶和平民的反抗，于是便从“以德配天”和“敬天保民”的思想出发，提出了“明德慎罚”的主张。

所谓“明德”，就是要加强自我克制，实行德治，要求统治者严于律己、勤于政务，绝对不可骄奢淫逸，只有先了解耕种收获的艰难，处在安逸的环境中才会知道老百姓的疾苦。所谓“慎罚”，就是谨慎用刑，反对滥杀无辜。值得注意的是，“明德慎罚”思想实际上包含着注重教化，不能一味使用刑罚的意思。正如《尚书·酒诰》中所说：“勿庸杀之，姑惟教之。”尽管在这个时期西周统治者还没有大力强调教化的作用，但他们已经敏锐地意识到教化带来的正面效用，因此，我们在“明德慎罚”思想中可以找到不少重视教化、德刑并用的苗头。

用我们今天的法律话语体系来审视，西周“明德慎罚”的思想包含了以下内容。

第一，对犯罪进行具体分析，区分故意和过失、惯犯和偶犯。《尚书·康诰》中指出，对故意犯有小罪，还是累犯，且不思悔改者，罪虽小，不可不杀；反之，若犯有大罪，但属过失，又是偶犯，且知悔罪者，罪虽大，反而不杀。

第二，谨慎审案。《尚书·康诰》中记载："要囚，服念五六日至于旬时，丕蔽要囚。"意思是：要仔细审查人犯口供，要谨慎思考五六天，以至十天，才能定案。

第三，刑罚适中。《尚书·立政》中记载："兹式有慎，以列用中罚。"即要谨慎依法断案，做到用刑适中，轻重相宜。

第四，罪刑相适应。《尚书·康诰》中记载："用其义刑义杀，勿庸以次汝封。"意思是：罚其当罚者，杀其当杀者，不能按个人的意愿来行事。同时，对于那些严重危害政治秩序和社会安定的"寇攘奸宄，杀越人于货""大放（违）王命"，以及破坏宗法伦常的"不孝不友"等"元恶大憝"，都应"刑兹无赦"，但绝不能"乱罚无罪，杀无辜"。

第五，罪责仅限于自身。这是针对殷商的"罪人以族"，强调应"罪人不孥"，反对族株连坐，主张一人做事一人当，"父子兄弟，罪不相及"。

当然，周公提倡"明德慎罚"并不是要削弱和放弃刑罚，而是为了更有效地利用刑罚来维护其统治，假如老百姓不受其"德"的笼络和约束，胆敢起来反抗，统治者当然会毫不犹豫地进行镇压，亦即"刑兹无赦"。但不管怎样，西周"明德慎罚"思想的提出，是我国古代法律思想的一个重大发展，说明西周统治者在使用刑罚时，已经不会像夏商统治者那样肆无忌惮了，这也是广大奴隶与平民长期不屈不挠进行斗争的结果。“明德慎罚”不仅为后世“德主刑辅”的德治思想奠定了基础，而且对儒家思想的形成发展产生了巨大影响。

二、春秋战国时期的儒法交锋

德，在西周时是一个融道德、政治、信仰、策略于一体的综合概念，它要求统治者敬天孝亲、对己严格、与人为善、体恤民情、慎用刑罚。西周覆灭后，周王室开始衰微，周天子只保留一个天下共主的虚名，中国历史进入春秋战国时期，这是一个学术氛围活跃、百家争鸣、人才辈出的时代。作为春秋战国时期最有影响力的两个学派，儒家和法家对于德和刑的看法截然不同。

儒家作为春秋战国时期形成最早、影响最大的一个学派，其创始人孔子继承和发展了西周以来的“明德慎罚”思想，提出一整套维护礼治、倡导德治的观点。孔子认为维护礼治就是要建立以家族为本位、以宗法为秩序、以等级为基础的法律制度和意识形态；倡导德治就是要将刑罚作为道德准则的辅助手段，应当“为政以德”“以德服人”。

孔子对西周提出的“德”进行了继承和改造，将“仁”融入“德”之中，一方面突出“德”的政治意义，强调宽惠使民、实行仁政，认为德是治理国家、取得民心的主要方法，另一方面拔高“德”的地位，认为“德”高于君主的权力，高于国家和法律，是区分“仁君”和“暴君”的标准，是执政、司法的指导方针。此外，孔子还从“仁爱”思想出发，进一步发展了“明德慎罚”思想，主张以刑辅德、以德去刑、恤刑慎杀，极力提倡“德治”。“为政以德，譬如北辰，居其所而众星共之”，孔子认为统治者如果能够实行“德治”，人民就会心悦诚服地接受统治。

孔子提倡“德治”，并非要统治者放弃刑罚的镇压职能，而是主张“宽猛相济”，“德”与“刑”两手交替使用，强调从思想上引导百姓向善顺从，“焉用杀”“胜残去杀”。据《左传》记载:“郑国多盗”，郑国的统治者“尽杀之”。孔子听后大为赞叹，说:“善哉！政宽则民慢，慢则纠之以猛。猛则民残，残则施之以宽。宽以济猛，猛以济宽，政是以和。”[1] 由此可见，当“德治”不能奏效时，孔子还是毫不含糊地主张用刑罚镇压被压迫者的反抗。但就“德”与“刑”的关系而言，孔子强调的是“德”而不是“刑”。

首先，刑罚与“礼教”“德化”的重要性相比，孔子认为“礼教”“德化”是根本。在他看来，“礼乐不兴，则刑罚不中”，

① 《左传·昭公二十年》。

意思是说，刑罚必须以“礼乐”为根本，否则就不会得当。其次，刑罚与“礼教”“德化”的实施效果相比，孔子认为刑罚只能惩罚于犯罪之后，而“德化”“礼教”却能防患于未然，即所谓“礼之教化也微，其止邪也于未形，使人日徙善远罪而不自知”[①]。再次，孔子反对“不教而杀”，认为“不教而杀谓之虐”[②]。所以在一般情况下，孔子总是强调“德行教化”，主张以德为主，以刑为辅，这就是所谓的“德主刑辅”。

孔子之后的孟子、荀子基本上延续了孔子的“德治”思想。孟子主张施仁政，重视教化，把“德”置于首位，把“法”“刑”置于从属地位。孟子还针对当时刑罚滥用的现实情况，提出“省刑罚”，即减免刑罚的主张。荀子强调“礼者，法之大分，类之纲纪也”[③]，也是将礼置于高位。

与儒家不同，以商鞅、韩非为代表的法家，认为法治更客观、公正，优于德治、礼治。法家的“法治”理论强调“以法治国”，主张“以暴易暴”“以刑去刑”来解决争乱。他们认为，一方面，从统治者的角度出发，不能把治国的希望寄托在少数贤能的君主身上，因为贤能的君主千世才出一个，如果把治国的希望寄托在贤人身上，国家就会千世乱而一世治。绝大多数

① 《礼记·经解》。
② 《论语·尧曰》。
③ 《荀子·劝学》。

君主通常都是“上不及尧、舜，下不为桀、纣的中人”①。这些平庸的君主只能借助“法”才能将国家治理好。另一方面，从被统治者的角度而言，法家认为只有用重刑重罚犯罪的人，才能警戒、预防其他人犯罪，最终达到消灭犯罪的社会理想状态。比如商鞅就曾说过，“去奸之本莫深于严刑”②“重刑，连其罪，则民不敢试”③。

儒法之争是治国方略上“德治”与“法治”的交锋：儒家以德治为本，法家以法治为本，两家的立场彼此对立。用今天的眼光审视，两家治国主张的片面性显而易见：儒家的“德治”思想在理论上表现出片面夸大道德作用的道德决定论倾向，这在当时的现实社会政治生活中是难以真正实现的，不可避免地具有其历史和阶级的局限性；而法家的“法治”主张则片面夸大刑罚的功能，一味追求严刑酷法的震慑作用，自秦亡后就遭受了主流社会的猛烈抨击。

① 瞿同祖：《中国法律与中国社会》，商务印书馆2013年版，第325页。

② 《商君书·开塞》。

③ 《商君书·赏刑》。

三、董仲舒与“大德而小刑”

秦统一中国是在法家思想指导下，凭借武力获得成功的。然而秦王朝的覆灭，使得法家学说在政治上破产了。继秦而起的西汉王朝逐渐认识到儒家德化、礼教的作用，十分重视德治。在此背景下，董仲舒以儒家思想为主，吸收阴阳五行家、法家以及殷周的天命神权等各种思想因素，创造了一种新儒学，提出“大德而小刑”的思想，也就是“德主刑辅”，这一思想被统治者奉为治国理政的基本原则。

首先，德教是“大德而小刑”的核心内容。董仲舒主张“大德而小刑”，其核心就是实行礼义教化，“前德而后刑”。他认为，礼义教化的作用大于刑罚，是防止犯罪的一道堤坝，只有实行教化，才能使臣民的行为符合统治者的要求，从而达到维护统治的目的。董仲舒所说的“礼”，已经不再是奴隶制社会倡导的以血缘为基础的“礼”，而是一种封建的“度制”，也就是封建社会的等级秩序。礼义教化的作用与刑罚不同，它不是制裁“逾制”者和犯罪者，而是防止“逾制”和犯罪。因为不管是“骄者为暴”，还是“忧者为盗”，都有一个由细微到显著、由小到大的渐变过程。礼义教化就是教育人们“守制”，在人们还没有犯罪或刚刚萌生犯罪的念头时，起到阻止和预防的作用。因此，董仲舒在答汉武帝策问时，把“德教”作为最根本的治国方策提了出来。他说：“夫万民之从利也，如水之走下，不以教化堤防之，不能止也。”[①]当然董仲舒认为教化的根本目的，还是使被统治者绝对服从统治者，但与之前的秦朝相比，礼义教化的作用被放在了首位，刑罚排在了次要的位置。相应地，董仲舒也对当权者提出了“前德而后刑”“尊德而卑刑”等主张。

其次，阴阳五行的天道观是“大德而小刑”的理论基础。董仲舒为了劝说汉武帝实行“德教”，便从“天命”那里为其“大德小刑”的主张寻找理论依据。他结合天人感应、阴阳五行等观点，将德（礼）刑附会成天的意志和自然界的生长规律，把“刑”和“德”的关系比喻为“阴”和“阳”的关系，而“阴”与“阳”在天道中的大小取舍又是天意所决定的：“天之任阳不任阴，好德不好刑。”董仲舒以这种富有神秘色彩的论述，来论证德与刑的关系，即“刑者德之辅，阴者阳之助”[②]，在很大程度上提升了其学说的权威性和正当性。说来说去，他无非就是想证明天是有意志的主宰，是任德不任刑的，因此，皇帝治理国家必须秉承天意，德刑并用，以德为主。董仲舒还把自然灾害视为上天的惩戒，劝诫皇帝要按天意办事，不要背离“大德小刑”的轨道，不可像秦朝统治者那样专任刑罚，不听天的警告，否则政权就难以维持下去。

---

①《汉书·董仲舒传》。

②《春秋繁露·天辨在人》。

再者，人性论是“大德而小刑”的根据。董仲舒把人性分为“圣人之性”“斗筲之性”和“中民之性”。“圣人之性”被董仲舒列为上品，无须教化；“斗筲之性”是下品，生来就是恶的，教化也不会从善，只能重在刑罚；“中民之性”的人生来不善不恶，想要把他们变为善人，就需要通过教化来实现。董仲舒认为“中民之性”是绝大多数，这些人可善可恶，正是实行教化的对象，这就是他提出“大德而小刑”的人性论根据。统治阶级的统治稳固与否，主要取决于“中民之性”的人是否守制，而教化可以使其人性中向善的因素扩充完善，成为服从封建统治和遵守封建社会秩序的品德。

第二节　从“三复奏”到“五复奏”

在“明德慎罚”思想的影响下，封建统治者对于剥夺人生命的刑罚——死刑，变得越来越重视。为切实保障死刑案件的质量，防止错杀无辜，死刑适用的程序不断发展完善，从死刑案件的判决到执行，逐渐形成了一整套详细审慎的独特法律制度，即“死刑复奏”制度。死刑复奏指对已判定死刑的案件，要求在行刑之前再次奏请皇帝进行核准，只有死刑复奏批准命令下达后，地方司法机关方可执行死刑。

一、死刑复奏制度的萌芽

秦的暴政致使民怨沸腾，汉顺应民意取而代之。为吸取秦灭亡的教训，显示自己的仁慈贤明，巩固自身的统治，汉代统治者采取了减刑措施。依汉律，地方审判机关判处的一般死刑案件不必上报。但是一些重要的死刑案件还是必须上报给统治者进行裁决，如汉武帝时期规定："二千石者，奏而杀之。其千石以下则得专诛。"[1]意思是说，贵族和俸禄为二千石以上的官吏被判处死刑后，必须上奏之后才能行刑。这就是死刑复奏制度的萌芽，但也并非完整意义上的死刑复奏制度，因为这只是小众群体的"特权"，并不是所有人都享有这种权利。

到了魏晋南北朝时期，战乱不断、国家四分五裂。统治者一方面为了笼络人心，巩固其统治，开始大力标榜慎刑；另一方面为了更牢固地掌握最高审判权，以利于封建法制统一贯彻实施，统治者开始将死刑的定案权逐渐收归中央。在南朝，死刑案件必须报请皇帝审核同意后才能执行，如南朝宋武帝诏令："其罪应重辟者，皆如旧先须上报，有司严加听察，犯者以杀人论。"三国时期魏明帝在位时规定：除谋反、杀人罪外，其余死

①《汉书·元后传》。

刑案件必须上奏皇帝。

北魏时期，据《魏书·高祖纪》记载，孝文帝要求“在京之囚，悉命条奏，朕将亲案，以时议决。”《魏书·刑法志》明确：“当死者，部案奏闻。以死不可复生，惧监官不能平，狱成皆呈，帝亲临问，无异词怨言，乃绝之。诸州国之大辟，皆先谳报，乃施行。”[1] 这段史料说明，北魏当时的法律已经对死刑复奏制度的适用对象、程序、原因、目的、时间、范围、方式、效力等作了明确的规定，全面展示了当时适用死刑复奏制度的具体情况。

从此之后，死刑案犯的命运从制度设置上来讲，就掌握在最高统治者的手中，这也标志着死刑复奏制度的正式确立。但这一历史时期由于战乱频繁，地方守令手握兵权，常常不听皇帝指挥，导致中央实际上很难控制地方的擅杀之权。

二、“三复奏”的建立

隋朝结束了分裂割据的局面，重新建立大一统国家。隋文帝杨坚综合前代各种制度，以“宽简”为原则积极进行立法活动，制定了《开皇律》，加强司法制度建设，死刑复奏制度在中央集权统治之下日趋完备，更加细密。

① 《魏书·刑罚志》。

为避免冤滥，以示重惜生命，开皇十二年（592），隋文帝下诏“诸州死罪，不得便决，悉移大理案复，事尽，然后上省奏裁”[1]。意思是说，各州判处的死刑案件，判决生效后不能马上就执行死刑，而是先由大理寺对死刑案件进行复审，等大理寺审核完毕后，再转送尚书省复核。这一规定明确了全国死刑案件的终审权归中央。

一个案件审判结束后，根据犯罪嫌疑人的罪责，对其判刑，如果官员们一致认定是死刑的话，就需要上报给皇帝审核。皇帝担心由于自己心情的原因导致误判，于是就出现了“三复奏”，在执行死刑之前，官员们必须三次上奏请示皇帝，并且皇帝三次都准许执行死刑，才可以执行死刑。《隋书》中提到的“开皇十五制：死罪者，三奏而后决”，便是对当时的死刑复奏制度的描述。

“三复奏”的死刑复奏制度既能有效防止滥杀错杀，又有利于保证皇帝在司法上的最高批准权、审核权和裁判权，对于维护封建法制的统一十分有益。但非常可惜的是，隋文帝的继任者隋炀帝残暴无道，不仅没有连续地执行这一制度，反而带头破坏法制，制定严刑峻法擅杀滥杀。为严厉镇压此起彼伏的农民起义和百姓反抗，隋炀帝曾下令“天下窃盗以上，罪无轻重，不待闻奏，皆斩”，把杀人权最大限度地下放到州县。“郡县官

①《隋书·刑罚志》。

人，又各专威福，生杀任情矣”[1]，犯人无论罪行轻重经常被随意判处死刑，且执行死刑前也没有经过复奏程序，百姓就像是被捏在各级官吏手中的蝼蚁，死刑复奏制度彻底被破坏了。

三、唐太宗错杀催生“五复奏”

唐朝不仅恢复了隋文帝时期的死刑复核制度，还特别区分出“三复奏”及“五复奏”两种形式，前者适用于地方死刑案件，后者适用于京师的死刑案件。为什么要增加两次“复奏”呢？这源于贞观年间的一桩命案。

据《旧唐书·刑法志》记载，贞观五年（631），河内人李好德，疯疯癫癫，口出狂言，言语之间对朝廷和皇帝有不敬之词。在古代皇权社会，这是极其严重的罪行，按照唐朝法律，凡是口出妖妄之言并且涉及国家、君主的，应当处以绞刑。李好德的案子层层上报到唐太宗那里，唐太宗下令大理寺严加审判，具体负责处理此案的是大理寺丞张蕴古。

唐律规定，对于八十岁以上、十岁以下及身体有笃疾的人，应当由大臣上请皇帝予以减免处罚。张蕴古经过审查认为“好德癫病有征，法不当坐”，意思是李好德的精神有问题，属于可以减免处罚的人。唐太宗听完张蕴古的案情汇报，“许将宽宥”，

①《隋书·刑法志》。

决定不再追究。

此事本已平息，但张蕴古干了一件匪夷所思的事。据《贞观政要》记载，张蕴古竟然跑到监狱里，将唐太宗的决定提前告诉了李好德，还公然在狱中陪李好德下棋解闷。而这一幕恰好被当时的御史台持书侍御史权万纪看到了。御史台持书侍御史是干吗的？专门负责监察朝廷百官的御史台副长官啊！权万纪心想，好你个张蕴古，你不是说李好德精神有问题吗？精神有问题还能跟你下棋？于是他立马跑到唐太宗面前弹劾了张蕴古，他认为李好德被从宽处理是张蕴古故意包庇的结果，因为李好德的哥哥在相州担任刺史，而张蕴古的籍贯正是相州。权万纪认定张蕴古是在变相贿赂李好德的哥哥，他们是官官相护，徇私枉法！唐太宗一听非常生气，这还了得，这个张蕴古就是在戏耍圣上，盛怒之下当即喝令左右，将张蕴古拉到长安街市上斩首示众。

杀了张蕴古后，唐太宗立马就后悔了，张蕴古身为法官，虽然泄露朝廷机密肯定有罪，但罪不至死，根据唐律最多判处一年半徒刑。唐太宗不停责怪自己，张蕴古是知法犯法，难道自己就是按律治罪吗？也是知法犯法啊！其实，唐太宗是很喜欢张蕴古的，据《旧唐书·文苑上》记载，张蕴古小时候就非常聪明灵慧，博览群书，文章也写得很棒。他记忆力超群，看过的碑文能过目不忘，棋局被打乱后能一子不差地复盘，“背碑覆局”这个典故即由此而来。太宗初即位时，张蕴古上书《大宝箴》讽喻朝政，奏疏语言优美，说理透彻，太宗非常欣赏，立马赏赐给他两匹绸缎以示鼓励，并将他提拔为大理丞。这么有才华的一个人，却因为自己一时冲动给杀了；唐太宗又想起当年杀卢祖尚，更加后悔了。

那是在贞观二年（628）十月，唐太宗要调时任瀛洲（今河北河间附近）刺史的卢祖尚到交州（今广东广西南部和越南北部一带）当都督。卢祖尚本来在朝堂上答应得好好的，但回家后考虑再三又反悔不想去，因为那时的交州还是烟瘴之地，气候和生活条件非常恶劣，卢祖尚担心自己的身体承受不住。唐太宗派宰相杜如晦传旨去做他的工作：普通百姓都讲诚信，何况你卢祖尚身为朝廷高级官员，不能连这点觉悟都没有吧；你先去安心工作，三年后就把你调回来。

但任凭杜如晦磨破了嘴皮子，卢祖尚就是不答应，他认为交州瘴疠流行，必须经常喝酒抵御，而自己偏偏喝不了酒，去了可能就回不来了。过了几天，唐太宗又亲自召见卢祖尚，苦口婆心劝他赴交州任职，但卢祖尚任凭皇上怎么劝说，就是不答应。“上大怒”，放出狠话：“我使人不行，何以为政？”当场将卢祖尚“斩于朝堂”。

张蕴古和卢祖尚枉死，都是因为刀子太快，不给龙颜大怒的唐太宗留一点思考和反悔时间。事后，唐太宗指责了宰相房玄龄等人不尽责，未能及时劝诫。唐太宗由此认识到，问题的症结在死刑执行程序上。为了避免再犯错，遂下诏“自今有死罪，虽令即决，仍三覆奏乃行刑”。尽管这样，唐太宗觉得三复奏还可能会杀错人，为了最大限度减少错误的发生，他又进一步决定在京师地区实行“五复奏”，并且对每次复奏的间隔时间进行了明确：五复奏行刑前一天复奏两次，当天复奏三次；三复奏行刑前一天复奏一次，当天复奏两次。只有犯下谋杀祖父母、父母等尊亲属长辈恶逆之罪的人犯，才可复奏一次即行刑。处决人犯当天，皇帝不吃肉不喝酒不听音乐不看舞蹈，以示帝王悲天悯人之心。

为保证执法官员切实执行死刑复奏制度，《唐律疏议·断狱》还规定：如果不等朝廷的最终核准就处决人犯，执法官员就会被判流放两千里。即使皇帝批准了死刑判决，也要等到诏书到达三天后才能执行。如敢提前行刑，则判处徒刑一年。同时强调复奏速度不能过快，要有足够的时间让长官作出正确决定。

唐朝死刑复奏制度的发展和完善，使得皇帝有足够的时间去思考是否必须判处死刑，从程序上保证了死刑只适用于那些依法非杀不可，并且没有可矜情节的犯罪，且在此期间案情如有变化还可以及时纠正，留出了“刀下留人”的机会。在当时的社会环境下，这一制度能有效地杜绝冤案，减少死刑，并且最大限度地保证罪犯在诉讼程序上受到公正对待。

第三节　“慎刑”的制度体现

在“明德慎罚、德主刑辅”思想日渐被统治阶级视为治国理政的主要思想后，“慎刑”观念也得到极大的完善，并逐渐发展为主张审慎、宽缓地适用刑罚，反对“乱罚无罪，杀无辜”的理念。“慎刑”思想作为我国古代社会的主流刑法观念，对废除肉刑改革、限制适用死刑、老幼妇残恤刑、录囚等产生了十分重要的影响。

一、废除肉刑

肉刑指摧残人肉体的刑罚，在古代主要有墨、劓、刖、宫、大辟等，合称“五刑”。“墨”就是在面部、耳后、颈项、手臂上刺刻后涂上墨，往往与其他刑罚相结合；“劓”是指割掉鼻子；“刖”是将脚砍掉；“宫”就是破坏生殖器官；“大辟”就是死刑。本身这些刑罚就已经很血腥残酷了，有时候上位者还不解恨，时不时搞个肉刑的创新，比如，令人发指的“炮烙”之刑，还有五种刑罚都要受一遍的“具五刑”。据史书记载，战国和秦代著名政治家李斯就被秦二世处以“具五刑”，灭三族。《汉书·刑法志》对“具五刑”有补充解释：“皆先黥，劓，斩左右止，笞杀之，枭其首，菹其骨肉于市。其诽谤詈诅者，又先断舌。故谓之具五刑。”就是先在脸上刺字，然后割掉鼻子，再砍掉左右脚，接着用藤条或荆条把人活活打死，还要把头割下来悬挂在木杆上示众，并在大庭广众之下将其尸体剁成肉酱，如果有诽谤辱骂行为的，还要先把舌头割掉。

这些惨绝人寰的肉刑，从夏商周一直沿用到汉初，与奉行黄老思想、想要与民休息的汉朝格格不入，直接促使西汉的刑罚思想开始发生变化。汉高祖时陆贾就主张“慎刑”，他提出应当吸取秦朝灭亡的教训，做到“设刑者不厌轻，为德者不厌重，刑罚者不患薄，布赏者不患厚”①，如果能做到刑轻德重、刑薄赏厚，就能赢得民心，“不言而言，不怒而威”②。

直接促成肉刑被废除的，是汉文帝在位时发生的一个案例，史称“缇萦上书”。

缇萦的父亲叫淳于意，在藩国齐国担任仓公令，主管地方藩国的粮食和武器装备。他还精通医术，经常有达官显贵前来请他看病。淳于意喜欢云游四海，访师采药，这使得很多慕名来求医的人经常找不到他，只能失望而归。这种情况发生多了，

---

①《新语·至德》。

②《新语·至德》。

想来找他救命又求而不得的人就开始埋怨他。齐王也有意请淳于意做自家的专属医生，被淳于意婉言谢绝了。有一天，有人告发淳于意受贿，据《史记》记载他应该是被诬陷的，但淳于意最终被定罪，须受肉刑。他只生了五个女儿，没有儿子，临行赴长安受刑前，他仰天长叹：唉！可怜我生不出儿子啊！现在有急事了连个分忧解难的人都找不到！小女儿缇萦听了父亲的话感到非常痛心，毅然决然地跟在囚车后面去了长安，并上书给汉文帝。

《史记·扁鹊仓公列传》记载了她上书的内容："妾父为吏，齐中称其廉平，今坐法当刑，妾切痛死者不可复生，而刑者不可复续，虽欲改过自新，其道莫由，终不可得。妾愿入身为官婢，以赎父刑罪，使得改行自新也。"她只字不提自己的父亲是被冤枉的，而是直斥肉刑："我为受刑而死的人不能复生感到悲痛，那些受刑而失去肢体的人也不能长出新的肢体，即使他们想改过自新，也毫无办法。"

缇萦救父的胆识和孝心深深感动了宽仁贤德、爱民恤民的汉文帝，他当即下令免除淳于意的刑罚，也没有让缇萦去当奴婢，并在第二天就颁布了《除肉刑诏》："今人有过，教未施而刑加焉，或欲改行为善，而道毋由也。朕甚怜之。夫刑至断肢体，刻肌肤，终身不息，何其楚痛而不德也，岂称为民父母之意哉？其除肉刑。”①意思是如果老百姓有了过错，我们都没有对他们施行道德教化就对他们处以肉刑，这当中即使有人想改过自新也没有机会了。我非常同情这些人。如果刑罚严酷到要砍断其肢体、刻刺其肌肤，使其终身残疾而不得安宁，这是何等的痛苦和不道德之事，这岂是民之父母的本意吗？必须坚决废除肉刑，用别的方式来取代。

汉文帝责成丞相张苍、御史大夫冯敬等负责修改刑律，并在同年颁布新刑律：黥刑改为剃去头发，并以铁束颈服刑四年；劓刑改为笞刑三百；斩左足改为笞刑五百；犯斩右足以及杀人自首、官吏贪赃枉法、监守自盗等罪，在判刑后又犯笞刑罪的人，一律弃市处死；对于判处其他各等徒刑在一定年限内无逃亡等行为的，可相应递减刑罪，直至释放免刑为庶人。这种“省刑薄罚”的改革取得了立竿见影的效果，《资治通鉴·汉纪》称其“风气笃厚，禁网疏阔，刑罚大省”。但改革中也存在部分刑罚由轻改重的现象：比如将斩右足改为死刑；又如劓刑和斩左足虽然改成了笞刑，但由于打的次数过多，会出现受刑之人被活活打死的情况。因而班固称其为“外有轻刑之名，内实杀人”②。

汉景帝即位后，对肉刑制度作了进一步改革：将劓刑由笞

---

①《史记·孝文本纪》。

②《汉书·刑法志》。

三百减为二百；斩左足由笞五百减为笞三百。汉景帝时期还明确规定笞杖尺寸和笞刑规则：笞杖以竹板制成，要削平竹节，行刑过程中不得换人，等等。

西汉文景时期废除肉刑的刑制改革，顺应了历史发展潮流，为建立封建刑罚制度并向新“五刑”过渡奠定了重要基础。尽管这次改革还有缺陷，但其无疑是中国刑法发展史上的分水岭，在中国法制发展史上具有重要的历史地位和里程碑式的意义。

经过三国两晋南北朝的演变，到了隋朝统一中国后，隋文帝下令制定律典，全面梳理汉文帝刑罚改革以来的刑罚制度，建立了新的“五刑”体系。唐朝的法律对之稍微加以修改后，继承了这个“五刑”刑罚体系，并为以后两宋、明清法律所沿袭，号为“正刑”，成为绵延一千三百多年的法定刑罚体系，是19世纪中叶前全世界范围内最文明、最人道的法定刑罚体系。这个新的“五刑”体系，设定笞、杖、徒、流、死五种主刑，又划分为二十个等级，一共是五刑二十等。

笞刑，就是使用竹、木板抽打罪犯的臀部以及大腿部位，每十下为一等，从笞十下一直到笞五十，分为五等。

杖刑，是使用大竹板或大荆条抽打罪犯，不过抽打的部位扩大到罪犯的背部、臀部、腿部，也是每十下为一等，从杖六十到杖一百，分为五等。

徒刑，是指罪犯被关押在当地的监狱，为当地官府服苦役。

每半年为一等，从徒一年到徒三年，分为五等。徒刑最高三年，号为“满刑”。

流刑，是将罪犯押送到远方服役一年后，在当地落户居住。从流两千里到流三千里，每五百里为一等，分为三等。

死刑就只有两等，绞和斩。绞就是用短棍绞紧套在罪犯脖子上的绳圈，使罪犯窒息毙命，并不是将罪犯吊死；斩就是斩首。

虽然“新五刑”用我们现代人的标准来衡量仍显野蛮，但与夏商周秦的“旧五刑”相比，可谓是一大进步，而这一进步无疑与“慎刑”思想有着千丝万缕的联系。在“罢黜百家，独尊儒术”的汉朝，君主的价值取向显然受到“明德慎罚、德主刑辅”思想的巨大影响，汉文帝“朕德之薄，而教不明”的自责就体现出其“宽仁之治”的仁政慎刑理念。继“文景”之后，恢复肉刑的主张不绝于耳，特别是在战乱纷争、朝代交替之际，“重典以治乱世”的学说甚嚣尘上，但自汉文帝废除“旧五刑”伊始，主要的肉刑便没能再登上历史舞台，封建独裁者也未再采纳恢复肉刑论者的主张，这都是“慎刑”思想在统治者立法与施法实践中的融入与体现。

二、限制死刑

慎刑观的重心在于慎杀，这一点比较集中地体现在对死刑的限制上。控制和尽量减少死刑的适用，是西周及汉以后历代刑制改革的主流。基于慎杀理念，统治者在死刑立法方面，往往主张“死者不可复生，用法务在宽简”[①]，着力删削死刑罪名，减少与控制死刑条款的数量。

西周之初，大辟之罪有500个之多，在“明德慎罚”立法指导思想的影响下，西周统治者不断推进刑法改革，将死罪的数量降至200个。法家重刑主义理论指导下的战国与秦朝，死罪条目大肆扩张。至汉初废肉刑，由于一部分肉刑改为大辟，导致死刑数量激增，一度达到了史书所载死罪数目的最高值1882个。汉武帝之后，东汉以至于三国两晋南北朝的刑法改革，其中一项重要内容就是减少死刑的条款。

隋唐时期死刑继续缩减，在“德本刑用”“务在宽简”思想的指导下，唐代定律时大幅削减重罪特别是死刑条文，据沈家本统计，唐代死罪条款仅存233条，比隋律减少92条，比东汉时的汉律减少500条。唐代减少死刑的一个重要举措就是创设加役流，作为减死之罚，同时以配官为奴或者流配的形式取代以往族刑连坐。

---

① 《贞观政要·论刑法》。

宋代以后，“慎刑慎杀”理念仍占据主导地位，各朝仍重视死刑的立法控制，但随着封建王朝统治形势的不断严峻，与唐代相比较，死刑的数量有明显增长趋势。宋代律文基本因袭唐律，但敕令中死刑数目有所增加。明代《大明律》死罪 262 条，清代《大清律》增至 441 条，到清末激增至 840 条。

除了在立法上减少死刑罪名，审判程序中的“缓死求生”也在很大程度上限制了死刑的适用，这就是死刑复核制度。

死刑复核是指中国古代社会对于死刑案件进行复查核准所遵循的一种特别审判程序，是集中体现慎杀理念的一项重要制度。即指地方各级司法部门对拟判死刑的案件，应逐级上报，报请中央司法机关乃至最高统治者进行审查核准，以便最终决定是否适用死刑。死刑复核是中国古代独具特色的死刑救济制度，受到历代统治者的高度重视。该制度创设的主要目的就是更好地贯彻慎杀理念，确保死刑案件的审判质量，并使刑杀大权牢牢掌握在中央和最高统治者手上。

死刑复核与前述的死刑复奏制度不同。死刑复核一般在死刑尚未定判之前进行，属于刑事审判程序；死刑复奏则往往在死刑确定之后、判决尚未执行以前进行，属于刑事执行程序。死刑案件之所以要复核，是为了使复核机关全面了解案情，以便从“理”上保证死刑适用的正确性；死刑案件之所以又要复奏，则是给皇帝最后考虑的机会，使皇帝能从“情”上来决定是否适用死刑。①

死刑复核制度萌芽于汉朝。重案疑案、官僚贵族的死刑案件必须奏请皇帝核准，汉朝已有明文规定；但当时大部分死刑案件的判决权与执行权仍在县令、刺史手中，并没有形成制度化常规化的死刑复核程序。南北朝时期，死刑案件一律报中央核准，由皇帝亲自过问，在中国法制史上首次初步确立了对后世影响深远的死刑复核制度。

到了唐朝，京城的死刑案件由大理寺审理，最终拟判死刑的，报刑部复核后呈送皇帝核准；地方州、县的死刑案件，由刑部移送大理寺复审，最终拟判死刑的，报刑部复核之后再呈请皇帝裁决。对于重大死刑案件，还实行一系列会审制度，由大理寺卿、刑部侍郎、御史中丞会同审理或复核，最后仍须报请皇帝核准，称“三司推事”；另外，如果是特别重大死刑案件还要实行“九卿议刑”制，即大辟罪（死罪）要由中书门下四品以上及尚书九卿共同议论后才判决；此外，对于达官显贵“八议”之人犯死罪，由刑部“集诸司七品以上议之”，还要“议定奏裁”，由皇帝裁决后处置，即所谓都堂集议制。

此后，死刑复核制度不断发展，至明清时期日趋完善。尤其是清朝，在明代死刑复核制度基础上，形成了程序严格、规范详备的秋审与朝审，凡死罪拟判斩监候和绞监候的案件，都

① 肖胜喜：《略论我国古代的死刑复核制度》，《法学研究》1988 年第 6 期。

要经过秋审或朝审程序。秋审每年秋季举行，主要审核地方各省所判的绞、斩监候案件，也就是常说的“秋后问斩”。朝审是审核刑部所判的绞、斩监候案件，以三法司、九卿、詹事、科道、大学士等高官组成联合审判庭进行会审，处理结果最后奏请皇帝裁决。

秋审被称为“国之大典”，国家高度重视，设有秋审处，程序极其严格。先由州县招册，将本省截止期前的斩监候、绞监候案件清理造册，逐级呈送至省。负责官员要对监候囚犯一一审录，核实案情，将犯人分为情实、缓决、可矜、留养承嗣等类，再将审录所做的册表报送臬司、督抚复核。督抚对本省的秋审案件审录完结后，将全省案件向皇帝汇报再由刑部看详核拟，其后由九卿、詹事、科道集议，将情实、缓决、可矜、留养承嗣各犯分拟具题，报皇帝裁决。四种情形中，后三种一般情况下都会得到减免，或入下届秋审再决，基本能保全活命，情实者要执行死刑，但仍需复奏。据《清史稿 · 刑法志》记载，康熙曾与大学士、学士等酌定在京秋审情实重犯，他“取罪案逐一亲阅，再三详审。其断无可恕者，始定情实”，反复强调，“人命事关重大，故召尔等共相商酌。情有可原，即开生路。此内有一线可生之机，尔等亦当陈奏”。

三、实行恤刑原则

恤刑是慎刑思想中的重要部分。恤刑侧重表达刑罚的人道性，即对于涉罪的老幼妇孕残等特殊群体，在审理中轻缓对待，在惩罚时予以减免。矜老恤幼是我国历史悠久的文化传统。西周时期，就有年幼儿童和老人违法犯罪可以减免刑罚的记载。秦汉时期的法律中同样贯彻了老幼废疾恤刑原则，秦律规定未成年人犯罪可减免刑事责任，汉律规定不满八岁和八十以上者及孕妇、老师等，在犯罪羁押时，除特定罪刑外，可以不戴刑具。

作为我国封建社会的辉煌时期，唐朝对老幼废疾恤刑原则规定得更为规范，将年龄细分得更加明确：七十以上、十五以下以及废疾者，如果所犯罪行属流罪以下的可以收赎；九十以上、七岁以下者，即使犯有死罪也不予追究刑事责任。

对于孕妇犯罪，中国古代刑律也有特别规定。例如，《汉书·刑法志》规定“孕妇等产后，始决死刑”，《唐律疏议》规定“夫人犯死罪，怀孕，当决者，听产后一百日乃行刑”。这都体现了慎刑、恤刑的精神。

恤刑还包括存养留亲制度。如果犯死罪者的父祖年龄在八十岁以上，或者患有重大疾病，家里又没有其他成年男丁可依靠，即可申请留养，申报刑部备叙情状，上请皇帝裁决，获准后即可以宽免死刑。

恤刑中的这些制度，将儒家“尊尊亲亲之道”“恕及妇孺”“恶恶及其身”等儒家伦理道德融入法律，为当时的司法实践注入一股慎刑、德治和教化的活水。

四、建立“录囚”制度

录囚是一项极为重要的冤案纠错制度，也是死刑的重要救济途径和补救措施，集中体现了慎杀、慎刑的理念。录囚制度，是指最高统治者和各级官吏定期或不定期地对下级监狱进行巡视，审录囚徒、纠正冤案、平反昭雪的制度。西汉在吸取儒家慎刑思想的过程中形成了录囚制度，由州郡太守定期巡视辖区内监狱，通常每年秋季进行，平反冤案，疏理滞狱。

到唐代录囚已成常制，录囚形式也多样化，包括皇帝录囚、太子录囚、宰相录囚、大理寺录囚及各级官吏录囚等。除了常规录囚之外，灾疫之后往往也会实行录囚，皇帝“亲录囚徒”也成为惯制，唐统治的上升及鼎盛时期，据统计太祖至玄宗时期录囚达 85 次之多。录囚被视为“善政”实行，凡被录之囚多能获得宽赦。

历史上最为著名的录囚事件当属唐太宗“纵囚归狱”。贞观六年，大理寺卿向唐太宗上奏折，请求皇帝批准将监狱收押的死刑囚犯提前执行死刑。唐太宗了解得知，这些死囚由于牵挂家里的很多事情还没有安顿好而整日啼哭不已，严重影响了监狱里的秩序，因此大理寺建议皇帝提前行刑。唐太宗沉思良久，形成了一个大胆的想法，让这些死囚回乡与家人团聚，待到来年秋收后再来接受死刑。

户部尚书兼大理寺卿戴胄得知皇帝的想法后惊得目瞪口呆，赶紧劝说道：这些人可都是罪大恶极的人啊，到时候他们不回来咱们怎么办！您可一定要三思而后行！但唐太宗主意已定，还给全国监狱下诏要求都照此办理，“仍敕天下死囚，皆纵遣，使至期来诣京师”[①]，全国监狱都放出在押的死囚，让他们第二年秋收后到长安等候最终发落。

这些死刑犯在生命的最后一段时光的心理感受我们不得而知，但到了第二年九月，390 名死刑犯没有人带领，也没有人监督，一个不少“皆如期自诣朝堂，无一人亡匿者”[②]。唐太宗被这些死囚的行为感动了，“嘉其诚信，悉原之”[③]，当即宣布将死囚全部赦免，以表彰他们的诚信之举。

诚信乃立人之本，既然死囚们重信守诺，告别旧我，朝廷也就有足够的理由给予他们新生。这些死囚犯在没有外界约束

---

①《资治通鉴·唐纪·唐纪十》。

②《资治通鉴·唐纪·唐纪十》。

③《资治通鉴·唐纪·唐纪十》。

的前提下主动接受国家刑罚审判的行为本身，表明国家的法律与公民已经建立一种诚信。而这归因于唐太宗相信囚犯、同情囚犯、信任囚犯让其回家，所以囚犯在判处死刑后，大都觉得自己罪无可赦，应该认罪伏法，在心理上和行动上不再对抗法律。一百多年后，白居易有感于此，写下“怨女三千放出宫，死囚四百来归狱”的《七德舞》来称颂唐太宗的纵囚事迹。

录囚制度针对各类案件实行，死刑案件更是备受重视，这对于保障死刑案件的公正审判，保障不错杀无辜具有十分重要的意义。

第四节　法安天下　德润人心

“德主刑辅、明德慎罚”思想作为中华法系的最重要特征，在我国封建社会延续了两千多年，是中国封建统治阶级在统治方法上实行自我更新的一个重要表现，在一定历史时期内极大地缓和了社会矛盾。尽管“德主刑辅、明德慎罚”思想所依赖的基础——宗法制度、自然经济、专制体制等在当今社会已失去生存的土壤，但其中蕴含的尊重生命、谨慎刑罚的慎刑理念，对当代刑事法治建设依然具有十分重要的价值。

一、依法治国与以德治国相结合

坚持依法治国和以德治国相结合，是中国特色社会主义法治道路的一个鲜明特点，是“德主刑辅、明德慎罚”思想的现代传承与发展。唯有法才能安天下，唯有德才能润人心，唯有法德并举才能实现国家的长治久安。

党的十八大以来，习近平总书记在不同场合多次强调，坚持依法治国和以德治国相结合，不仅要充分发挥法治的约束作用，也要充分发挥思想道德的教育作用。党的十九大提出全面依法治国是中国特色社会主义的本质要求和重要保障，要坚定不移走中国特色社会主义法治道路。在中央全面依法治国工作会议上，习近平总书记再次强调：“要坚持依法治国和以德治国相结合，实现法治和德治相辅相成、相得益彰。”法治不仅是治理国家不可或缺的手段，也是社会主义核心价值观的内容之一。新时代背景下的德治，以培育践行社会主义核心价值观为主要依据，而法治是其中的一项价值观，这体现了法治和德治相结合的治理思路。

2018 年 3 月 11 日，十三届全国人大一次会议通过了对现行宪法的第五次修正，在第二十四条内容中增加“国家倡导社会主义核心价值观”，使其上升为国家意志，这就以国家根本大法的形式肯定了依法治国和以德治国相辅相成的国家治理模式。

习近平总书记在党的二十大报告中以一个独立章节对“推进文化自信自强，推进法治中国建设”进行了深刻论述，又在“推进文化自信自强，铸就社会主义文化新辉煌”这一章节中指出“坚持依法治国和以德治国相结合，把社会主义核心价值观融入法治建设、融入社会发展、融入日常生活”，使得法治与德治并举的导向更加鲜明。

法律和道德是现代国家治理不可缺少的两种重要手段。习近平总书记深刻指出，“法律是成文的道德，道德是内心的法律。法律和道德都具有规范社会行为、调节社会关系、维护社会秩序的作用，在国家治理中都有其地位和功能。”强调“治理国家、治理社会必须一手抓法治、一手抓德治，既重视发挥法律的规范作用，又重视发挥道德的教化作用，实现法律和道德相辅相成、法治和德治相得益彰”。

法律和道德都是具有一定约束性的规范体系，各自的优势与局限也是明显的。法律的优势主要表现为：规范要求的明确性，惩治的强制性与威慑性，协同力的平等性与普遍性。法律的局限性主要表现为：制定与修改的迟滞性，法律条文的封闭性，法律惩治的滞后性，法律实施的高成本等。

道德虽然具有调节的广泛性、约束的内在性、运行成本低等优势，但也有弱规范性、弱强制性、评价标准多元等劣势。这就预示，无论是法律还是道德，在规范社会行为、协调社会利益关系方面都不是万能的，都不能独立担当维护社会秩序的重任，需要合作互济，即调整范围宽窄互补、规范要求高低互补、制约程度刚柔互补、约束方式自律与他律互补、干预方式滞后性与预防性互补。

习近平总书记指出："法安天下，德润人心。法律有效实施有赖于道德支持，道德践行也离不开法律约束。"法治是现代国家治理的基本方式，法治运行得好需要有内容完备、有效实施的法律。德治是我国国家治理的重要优势和优良传统，德治发挥作用需要道德的教化与践行。在一些法律难以规范的领域，道德可以发挥作用，而对于道德无力约束的行为，法律可以给予引导和惩戒。国家治理需要法律和道德协同发力，法治和德治两手都要抓。坚持法治和德治相结合，是中国特色社会主义法治道路的一大优势。在全面建设社会主义现代化国家的新征程上，坚持以习近平法治思想为指导，建设社会主义法治国家，需要将法治建设和道德建设更加紧密地结合起来。

一方面，要充分运用法治具有的规范性与强制力的优势，发挥法治对道德的保障作用，以法治的刚性约束来督促人们自觉履行法定义务、社会责任和家庭责任。法律制度承载着相应的道德理念，彰显一定社会的道德追求。法律在制定过程中可以将一些道德规范转化为法律规范，再通过法律实施来体现价值观和道德要求，并通过法律的强制功能确保道德底线。在推进道德建设时，也可以运用法治手段解决道德领域的突出问题，推动全社会道德素质提升。比如对于当下较为突出的诚信缺失问题，可以通过建立起覆盖全社会的征信系统，完善守法诚信褒奖机制和违法失信惩戒机制等，使人不敢失信、不能失信，助推全社会形成诚实守信的良好氛围。

另一方面，要重视运用道德潜移默化的教化功能，提高全社会文明程度，发挥道德对法治的支撑作用，为全面依法治国创造良好的人文环境。实现良法善治，离不开道德作用的发挥。道德是制定法律的重要依据，为法律创制提供思想基础，为法律正当性提供评判标准，为法律实施提供道义支持。因此，不仅要重视道德教育，更要在道德教育中突出法治内涵，培养人们的法律信仰、法治观念、规则意识，引导人们认同和信仰法律，明是非、知荣辱，以道德伦理滋养法治精神，在全社会营造有利于法律实施的文化氛围。

二、法安天下

法律是治国之重器。立良法，行善治，始终是我们党领导人民进行革命、建设和改革的一项基本经验。从 1950 年《中华人民共和国婚姻法》通过，到 1954 年第一部《中华人民共和国宪法》诞生，从 1982 年现行宪法颁布，到 2010 年中国特色社会主义法律体系形成，依法治国，法安天下，凝结的是中国共产党对如何实现国家长治久安的深沉思索，回应的是中华民族自古以来对公平正义的恒久期待。

在依法治国的过程中，中华传统法文化中的“慎刑”思想在刑事司法中得以延续，并转化为具体的刑事司法制度，不仅有力地打击和威慑犯罪，维护了法律的严肃性和权威性，而且在充分尊重事实与法律的基础上，最大限度地调动了积极因素，化解了消极因素。

一是确立了罪刑法定原则和疑罪从无原则。我国《刑法》第三条规定了罪刑法定原则，“法律明文规定为犯罪行为的，依照法律定罪处刑；法律没有明文规定为犯罪行为的，不得定罪处刑。”概括起来说，就是“法无明文规定不为罪，法无明文规定不处罚”。罪刑法定原则旨在提供安定性的法律，以约束刑罚权的恣意性；避免权力过于任性。疑罪从无原则是指既不能证明被告人有罪又不能证明被告人无罪的情况下，推定被告人无罪。我国《刑事诉讼法》第十二条规定，“未经人民法院依法判决，对任何人都不得确定有罪。”

二是提出了“少捕慎诉慎押”刑事司法政策。2021 年 4 月，中央全面依法治国委员会把坚持“少捕慎诉慎押”刑事司法政策列入 2021 年工作要点，表明“少捕慎诉慎押”从司法理念上升为党和国家的刑事司法政策。2022 年 7 月至 8 月，为规范少捕慎诉慎押工作，最高人民检察院深入调研。不久，最高人民检察院下发《关于贯彻少捕慎诉慎押刑事司法政策依法办理不起诉案件若干问题的解答》。少捕慎诉慎押刑事司法政策是轻罪治理体系的必然要求，其本质是严格、准确、规范地把握逮捕、起诉和羁押的法定条件。近年来，检察机关审慎适用逮捕强制措施，用好不起诉裁量权，全流程开展羁押必要性审查，不捕不诉和诉前羁押的案件数量呈现一升一降的趋势，取得了良好效果。

三是确立了酌定不起诉制度。酌定不起诉，又被称为相对不起诉，是指检察机关依据法律规定舍弃法律赋予的起诉权，进而对某些犯罪情节轻微的犯罪嫌疑人作出不起诉决定，体现了检察院在起诉方面享有的自由裁量权。我国现行的酌定不起诉制度，依据《刑事诉讼法》第一百七十七条第二款："对于犯罪情节轻微，依照刑法规定不需要判处刑罚或者免除刑罚的，人民检察院可以作出不起诉决定。"酌定不起诉制度体现了当代宽严相济的刑事司法政策，即在案件已达到审查起诉标准的基础上，综合考虑犯罪事实、性质、情节及社会危害性等相关因素，审慎作出酌定不起诉决定，真正做到了当宽则宽，当严则严，在一定程度上赋予了检察机关践行"慎刑"理念的空间。

四是确立了刑事和解制度。刑事和解是指在刑事诉讼过程中，通过调停人或其他组织使被害人与犯罪嫌疑人、被告人直接沟通、共同协商，双方达成民事赔偿和解协议后，司法机关根据案件的具体情况对犯罪嫌疑人、被告人不再追究刑事责任或从轻减轻刑事责任的诉讼活动。现行《刑事诉讼法》第五编第二章第二百八十八至二百九十条对当事人和解的公诉案件诉讼程序进行了专门规定，按照法律规定，因民间纠纷引起，涉嫌侵犯人身权利民主权利、侵犯财产犯罪，可能判处三年有期徒刑以下刑罚的故意犯罪案件，以及除渎职犯罪以外的可能判处七年有期徒刑以下刑罚的过失犯罪案件，纳入公诉案件适用和解程序的范围。但是，犯罪嫌疑人、被告人在五年以内曾经故意犯罪的，不适用这一程序。对于当事人之间达成和解协议的案件，人民法院、人民检察院和公安机关可以依法从宽处理。刑事和解的纠纷处理方式节省了被害人、加害人的成本和国家的司法资源，其目的是弥补被害人受到的伤害，修复加害人所破坏的社会关系，并使加害人改过自新，重返社会。

三、德润人心

注重德治是儒家的一贯主张，儒家的法律思想体现出鲜明的重德传统，而这一传统又是中华民族在长期社会实践中逐渐凝聚起来的民族精神的重要体现，是我们民族道德传统的主要起点和归宿。在儒家看来，国家的强弱兴亡，统治政权能否长治久安都与道德有着密切的联系，治国的正道是德治。儒家法律思想在“礼”“义”“仁”“德”观念及“尚德不尚刑”的原则下经历了内容的不断演变，传统儒家学者们对道德与法律在社会生活中各自的特点及两者之间的关系作了深入的探讨，其中的注重教化、预防犯罪、重视个人道德修养、主张恤刑慎杀和罚当其罪等积极的合理因素，在今天仍可使我们受到许多有益的启发。

一是重视道德修养。儒家认为优良的道德品质不仅要靠社会、家庭的教育，更要靠个人的道德修养，也就是修身。一个人基本的修养没有做到，就会影响家庭、家族乃至社会。而通过伦理道德的自我约束、个人修身养性，则可以达到理想中的最高人格境界。儒家不但强调道德修养的重要性和必要性，而且对道德修养的内容、方法和途径等有许多深刻的阐述，如改过、重行、慎独、自省等，这些在今天仍对我们有着深刻的意义。道德修养的过程就是自觉进行思想斗争、自我约束、自我克制的过程，自己根据一定的道义标准，在内心深处不断以正祛邪、以是克非、以善去恶，达到自身在道德品行上日臻完善，最终促使个人在精神境界和思想素质上不断提高，这在一定程度上与我们今天所倡导的全民道德素质教育和提高自我道德修养有异曲同工之妙。

二是为政者要起表率作用。“君子求诸己”[①]，执政者应当严于律己、宽以待人、为人师表。孔子特别重视当权者个人的表率作用。他认为，如果当权者带头端正自己，别人自然会端正。如果当权者自己行为不端正，怎么能去端正别人？所以，为政者要自己起到表率作用，以身作则、励精图治、居安思危，自己率先循礼守法，上行下效，法令才行得通。不然的话，再怎么三令五申、严刑重罚，也是难以奏效的。这些见解，至今仍发人深省。

三是倡导教化为先，重视道德教育。教化乃是政治的根本，古代的君王在治理国家中，无不以教化为当务之急。他们设太学、县学、乡学，用礼义仁德来教化百姓，只有这样，百姓才不致触犯禁令，才能树立良好的社会道德风尚。正因为儒家注重道德教化，所以他们提出了许多有见地的道德教育主张。比如，在办学方针上主张“有教无类”，每个人都有受教育的权利，打破了“学在官府”的教育垄断；肯定了教师的作用和价值；在教学方式方法上，主张因材施教，循序渐进，启发诱导，身教重于言教；强调家庭教育的重要性，提出了许多深刻的家教理论。儒家关于道德教育的这些阐述，虽然目的是将人们改造成统治阶级所需要的人才，巩固封建统治，但如果剥离其受历史、阶级局限的思想内容，仍有许多精华可供我们借鉴。

① 《论语·卫灵公》。

四是罚当其罪，罪刑相适应。自周公以来，儒家已能认识到刑罚的目的是劝民为善，而不单纯是惩罚。治狱的目的不是杀人立威，而是惩一劝百，制止犯罪，从而转祸为福。所以他们提倡刑罚要适中、刑当其罪、罪刑相称。周公认为要认真对待刑狱之事，慎重断案，不滥用刑罚，用刑不可偏重，也不可偏轻，要使刑当其罪。孔子继承了周公的“中罚”思想，从其中庸哲学出发，主张刑罚要适中，断狱用刑都要合乎中道，要公平正直，不枉不纵。荀子也主张罪刑相称的法律原则，这样才能体现刑罚的威严，罪刑不相称，刑罚就会失去作用。为此，荀子既反对轻罪重罚，也反对重罪轻判和有罪不罚。可以说，儒家的这些观点与我们现代刑法中的罪刑相适应原则有着相通之处。

五是德刑并举，以法律促进道德之完善。儒家虽然注重道德教化的作用，力倡“德主刑辅、明德慎罚”，但他们也深知刑罚在社会政治生活中是必不可少的，每当道德教化不起作用时，就主张诉诸暴力，使用刑罚。他们认为要将刑与礼结合起来，既反对“不教而杀”，又反对“教而不诛”，“不教而诛，则刑繁而邪不胜；教而不诛，则奸民不惩”[①]，主张“明礼义以化之”“重刑罚以禁之”[②]。刑罚不仅是德教的保证，而且能够在教

---

①《荀子·富国》。

②《荀子·性恶》。

化失败时起到制裁作用。这说明儒家的德治论在与法家的法治论相对峙的过程中，还是吸纳了法治论中的部分内容。凡此种种，都说明道德与法律之间是相辅相成、彼此促进的关系，对二者关系的恰当处理和运用，对于有效预防和惩罚犯罪，维护社会治安，提高公民的道德修养水平和社会文明程度，都有着极其重要的意义。

四、兼顾法理情，让公平正义之光无处不在

法律的生命力在于实施。“德主刑辅、明德慎罚”思想同样贯彻落实在司法实践活动中。司法裁判往往要面对道德观和价值观的评价问题，司法者不可避免要在法律逻辑与价值判断之间审慎权衡，并力求实现法律效果与社会效果相统一，让裁判结果符合老百姓的朴素认知和道德情感，让人民群众在每一个司法案件中感受到公平正义。这就需要将社会主义核心价值观积极融入司法的价值判断，兼顾法理情，将案件置于国法、天理、人情中综合考量，遵循国之常法、世之常理、人之常情，把国法作为裁判的底线不可逾越，把天理作为裁判的精神予以彰显，把人情作为裁判的温度可触可感，做到既恪守法律，又通达情理，回应人民群众新期待新要求，不断提升裁判的法律认同、社会认同和情理认同。

习近平总书记深刻指出:“要树立正确法治理念，把打击犯罪同保障人权、追求效率同实现公正、执法目的同执法形式有机统一起来，坚持以法为据、以理服人、以情感人，努力实现最佳的法律效果、政治效果、社会效果。”2023 年最高人民法院工作报告提出:“坚持国法天理人情相统一，牢固树立新时代社会主义司法理念，牢牢站稳人民立场，坚决纠正机械司法、就案办案等错误做法，努力实现案件办理政治效果、法律效果、社会效果有机统一。”

国法是司法裁判的底线。通过严格司法来维护法律的尊严和权威，维护社会公平正义，这是司法公正的应有之义。天理是司法裁判的精神尺度。刑事司法应当践行的“天理”，是以社会主义核心价值观为集中体现的中国精神、中国价值和中国力量。人情是司法裁判的温度。人情并非个人好恶、私人之情，而是人之常情、大众之情，是公众对案件的看法和态度，是老百姓的朴素情感与认知。

2016 年年底，全国各大媒体争相报道了赵春华非法持有枪支案，这就是一起典型的法理与情理相融合的案例。赵春华是一名 51 岁的妇女，靠经营气枪射击摊位谋生，后被公安机关巡查时抓获，当场收缴的 9 支枪形物中，经鉴定 6 支为能正常发射、以压缩气体为动力的枪支。一审人民法院以非法持有枪支罪判处赵春华有期徒刑三年零六个月。赵春华不服一审判决提起上诉。

2017年1月26日，天津市中级人民法院综合考量各方因素，二审对其量刑依法改判，以非法持有枪支罪判处有期徒刑三年，缓刑三年。赵春华非法持有枪支案的最终判决认定其有罪，同时酌情从宽判处缓刑，一方面符合我国刑法规定和枪支管理政策，另一方面体现了司法的人文关怀，实现了法理与情理的平衡，有助于引导社会公众加深对国家严格控枪政策的了解，增进公众对枪支属性和涉枪犯罪危害性的认识，进一步普及了涉枪犯罪的刑法知识。

随后，相应的司法解释规定等出台，强调对于涉及以压缩气体为动力且枪口比动能较低的枪支的相关行为，在决定是否追究刑事责任以及如何裁量刑罚时，不仅应当考虑涉案枪支的数量，而且应当充分考虑涉案枪支的外观、材质、发射物、购买场所和渠道、价格、用途、致伤力大小、是否易于通过改制提升致伤力，以及行为人的主观认知、动机目的、一贯表现、违法所得、是否规避调查等情节，综合评估社会危害性，坚持主客观相统一，确保罪责刑相适应。

被社会广泛关注讨论的陆勇案，也是体现司法温度的重要案例。2012年至2013年8月期间，陆勇与印度制药公司采用网上发邮件、QQ群联系客户等方式，在中国销售印度生产的抗癌药，并使用网络购买了3张银行卡进行结算。按照我国当时的法律，这些抗癌药哪怕的确有疗效且的确是真药，但由于并未取得中国进口药品的销售许可，均会被认定为“假药”。

2014 年 7 月 21 日，沅江市检察院以妨害信用卡管理罪和销售假药罪对陆勇提起公诉。陆勇的 300 多名白血病病友联名写信，请求司法机关对他免予刑事处罚。2015 年 1 月 27 日，沅江市检察院向法院请求撤回起诉，法院当天就对“撤回起诉”作出准许裁定。经此案推动，2018 年新修订的《药品管理法》删去了“法律上的假药”的规定。《刑法修正案（十一）》也作出了相应的修改。

赵春华案、陆勇案等案件通过法理情相融合的方式对案件性质、情节、违法性认识及对社会的危害程度等进行全面评价，通过翔实的说理论证作出了妥当判决。这反映出新时代司法机关始终坚持人民立场，践行司法为民，彰显了中国特色社会主义刑事司法的独特优势，是“慎刑”思想的现代传承与发展。

第五章

援法断罪、罚当其罪的平等观念

法家不别亲疏，不殊贵贱，一断于法。

——《论六家要旨》

“努力让人民群众在每一个司法案件中感受到公平正义”[①]，这是习近平总书记在中央全面依法治国工作会议上对司法工作提出的要求，在各级人民法院的显著位置都能看见这句话，这不仅是司法机关所追求的最高价值目标，也是我们党对人民群众作出的庄严承诺。司法工作要站稳人民立场，坚持以依法保障人民权益为根本目的，以维护社会公平正义为生命线，始终把实现好、维护好、发展好最广大人民根本利益作为出发点和落脚点。公平正义的实现需要公正司法来保障，而公正司法最重要的体现就是法律面前人人平等。这种平等的法治理念，并非现代社会的独创和专利，也并非崇洋媚外的“拿来主义”，而是早在我国古代就已经萌芽并且不断发展和完善。

① 《坚定不移走中国特色社会主义法治道路 为全面建设社会主义现代化国家提供有力法治保障》，《人民日报》2020 年 11 月 18 日。

第一节　一断于法

依法治国作为治理国家的方略，强调有法必依，这与我国古代法家“一断于法”的主张一脉相承。“一断于法”出自汉代史学家司马谈的著作《论六家要旨》：“法家不别亲疏，不殊贵贱，一断于法。”意思是：法家学派强调司法适用的平等性和统一性，在审判时不考虑与法律无关的其他因素，既不考虑违法者自身身份的贵贱和地位的高低，也不考虑其与裁判者关系的亲疏，一切都以法律为准绳，法律怎样规定，就怎样判决。这一说法言简意赅地指出了法家缘法而治、立法治国的法治思想，而这一司法原则也被历朝历代所沿用。

一、有法可依：春秋战国时期的成文法运动

“昔先王议事以制，不为刑辟”①，这句话出自春秋时期晋国大夫叔向之口，意思是之前的统治者并不预先制定和公布法律，遇到问题都是临时讨论，依靠比较原则性的礼法来解决问题、

① 《左传·昭公六年》。

治理国家。这种做法给了司法者非常大的自由裁量权，同时剥夺了民众的知情权。就如唐人孔颖达所解释的那样，“刑不可知，则威不可测”，“令不测其浅深，常畏威而惧罪也”[①]。如果民众不知道法律是如何规定的，那么在人们心中神秘莫测的法律就会产生一种权威，这样一来，人们就会自然而然地畏惧法律。同时，为了减少自己违法的概率，民众大多数会选择谨言慎行，统治者约束百姓和治理国家相应地也会容易不少。

这样的做法反映出当时贵族阶级的司法擅断特权，因为没有明确的法律规定，在审理案件时裁判者便可以任意解释法律甚至创制法律，这种人治的弊端在西周末年被放大到极致。特别是在周平王东迁以后，政治失常、社会失序、礼崩乐坏，以宗法血缘关系为基础的社会政治体系逐步瓦解，出现了“社稷无常奉，君臣无常位”[②]的局面。各诸侯国为了救亡图存、富国强兵，都积极地开展了各种变法运动，对本国的政治体制进行变革。在这当中，春秋时期各诸侯国制定并颁布成文法的运动，对当时及后世都产生了深远的影响。

第一个制定并颁布成文法的国家是郑国。郑国居于楚国和晋国两个大国之间，一旦晋国和楚国发生纷争，郑国必然会遭殃，可谓在夹缝中委曲求全。除此之外，郑国与邻国宋国积怨

---

① 《春秋左传注疏·昭公六年》。

② 《左传·昭公三十二年》。

已久，外交处境十分艰难；再加上郑国内部各贵族势力盘根错节，利益冲突时有发生，因此内政环境非常恶劣。

为了改变郑国内外交困的处境和现状，郑穆公的孙子子产联合七穆[①]，在其支持下执政郑国。子产不仅洞悉郑国的弊端，而且具有远见卓识。对内，他推行“作封洫”“作丘赋”，改革田亩和税收制度，挖掘沟渠，整编田亩，承认土地私有，按田亩征税，废除井田制；针对国内“族大庞多”的政治局势，采取分而治之的政策，安抚公族，打击豪强。对外，他灵活推行外交政策，以抗衡晋楚。在子产一系列改革措施的刺激下，社会生产力显著提高，人口数量急剧膨胀，新兴地主阶级的势力得到较大发展。

在改革过程中，子产越发感觉到旧贵族奉行的“临事制刑，不豫设法”的司法垄断特权并不利于社会的稳定和发展，与新兴地主阶级的利益冲突也越发尖锐。郑国的旧贵族经常通过随意解释刑罚主观裁量，来压榨商人和新兴的土地所有者，这对商业发达的郑国产生了很大的负面影响。子产认为，只有制定具体详尽的法律来打破这种垄断，才能更好地规范社会生产活动。公元前536年，子产组织刑狱部门，将夏、商、周三代未公开的刑法系统地研究了一遍，把其中有价值的内容加入郑国

① 七穆是指春秋时期郑国七家卿大夫家族的合称，他们都是郑穆公的后代，包括驷氏、罕氏、国氏、良氏、印氏、游氏和丰氏。

的刑法中，并将之铸在象征诸侯权位的金属鼎上，向全社会公布，史称“铸刑鼎”。

子产“铸刑鼎”的做法，有效地约束了统治者通过任意解释法律来控制民众的行为，限制和削弱了贵族的统治特权，使平民也可以依靠法律来维护自身的权利。这一举动开创了向社会公布法律的先河，有利于法律在全社会范围内得到执行，同时也宣告着“刑不可知，则威不可测”的秘密法时代的终结。

子产的这一举动遭到了旧贵族的猛烈抨击，晋国知名的贤大夫、与子产私交甚好的叔向就非常不满，不惜冒着干涉别国内政之嫌，给子产写了一封信表达了他的强烈抗议。

叔向在信中主要表达了自己的三点反对意见。首先，通过礼乐和教化两手抓就能够实现治国理政的目标，并不需要制定专门的成文法，这种做法不仅多此一举，而且容易添乱。其次，将法律公之于众，会带来无穷的后患。如果民众了解了法律是如何规定的，那么他们就会只依照法律行事，而对贵族和管理者缺乏敬畏，容易抛弃礼乐，不听教化。这样一来，不仅统治者的权威会受到冲击，而且客观上会促使民众依照法律维护自身权益，导致诉讼案件增多，造成“乱狱滋丰，贿赂并行”的后果。第三，以刑治国是乱世之举。夏有乱政而作《禹刑》，商有乱政而作《汤刑》，周有乱政而作《九刑》，这三部法律，都是乱世的产物。铸刑书于鼎，不仅不能达到国泰民安的效果，反而会导致郑国灭亡。

子产的回信很短，他说自己没有先代圣王的才华能力，没办法惠及子孙万代，他这样做只是想挽救乱世中的郑国。

在郑国，曾任郑国大夫的邓析则更加激进，他公然反对“礼治”，认为以前的礼义法令没有必要非遵守不可，不仅可以批评，而且可以废弃更改。他认为子产所铸的刑书还有许多不完善的地方，所以便自己编写刑法。公元前 501 年，邓析将自己编写的一套成文法刻在竹简上，人称“竹刑”，这是我国已知的第一部由私人编撰的刑法。据《左传》记载，“郑驷歂杀邓析而用其竹刑”，郑驷歂是郑国当时的执政官，这说明邓析所著的《竹刑》在后来得到了官方的认可并在实践中得以适用。

除了郑国，晋国也进行了“铸刑鼎”的活动。公元前 513 年，晋国执政官赵鞅和荀寅在率兵驻扎汝滨时，赵鞅将其前任执政官范宣子所著的刑书刻在鼎上，这是晋国第一次将正式制定的成文法以铸鼎的方式公之于众，也是继郑国之后的第二个经官方授权的公布成文法的立法活动，被称作“第二次铸刑鼎”。这两次铸刑书于鼎的活动，是对过去宗法礼治秩序的否定，从根本上动摇了旧的奴隶制法律制度，打破了旧贵族在司法领域的垄断，在中国法制史上具有重大历史意义。

有了春秋时期变法的经验，战国时期的变法运动更加广泛和普遍，其中最为著名的当数李悝的变法运动和他所主持编写的《法经》。作为战国时期政治变革的典型成果,《法经》对这一时期的封建立法进行了全面总结，将各国的实践性做法用制度形式加以固化。

《法经》的内容有六篇，分别为《盗法》《贼法》《囚法》《捕法》《杂法》和《具法》。列《盗法》《贼法》为六篇之前两篇，主要是因为李悝认为“王者之政莫急于盗贼”，意思是说，对于治理国家而言，惩治盗和贼这两类犯罪是最为紧要的。“盗贼需劾捕，故著《网》《捕》二篇”,《网法》即囚法，规定的是有关囚捕盗贼罪犯，以及“断狱”（审理案件）等内容;《捕法》规定的是有关追捕逃犯的内容。《杂法》的内容繁多，除了盗和贼之外的犯罪，都规定在《杂法》之中。《具法》相当于《法经》的总则，“以其律具为加减”，规定的是与量刑有关的内容。

《法经》是现今确知的我国第一部系统的成文法典，它贯彻了法家重刑主义的原则，在立法精神、法典体例、立法技术等方面开了中华法系之先河，虽然其不可避免地存在一些人类社会早期成文法律的局限性，但不可否认的是其在中国封建立法史上具有十分重要的历史地位。后来“商君受之以相秦”，商鞅以《法经》为蓝本编纂了《秦律》，汉《九章律》后的历代法典都受到《法经》的影响。

春秋战国时期各诸侯国公布成文法的运动，结束了统治者在司法领域的专断和特权，消除了普通百姓在“议事以制，不为刑辟”的情形下动辄得咎的恐慌，法律的公开性、公平性、平等性、稳定性得以体现，开创了公布成文法的先河。这无疑是治国理念方面的重大变革，是对周礼的挑战，反映出由“礼治”到“法治”的飞跃，标志着有法可依的时代已经来临。

二、“一断于法”：法家的法治思想

法家思想最早萌芽于春秋早期，战国时逐渐发展成为一个学派。法家强调法律对治国理政的意义重大，并且提出一整套理论和方法，为秦建立统一的中央集权国家提供了有效的理论依据。汉朝时司马谈在《论六家要旨》一文中，将历代实施变法、主张以法治国的改革者们，统称为“法家”，并对该学派的核心思想进行了概括：第一，法家不讲亲疏，不看重人与人之间的血缘关系；第二，法家不讲贵贱，不看重社会地位的高低；第三，法家以法律为评判是非的标准，也就是“一断于法”；第四，法家强调“严而少恩”，主张以重刑来治国。

法家学派与其他学派最本质的区别就在于，法家强调法律的重要性，以法律作为判断是非的唯一标准和治理国家的根本手段。法家思想自战国时期蓬勃发展直至秦朝，一直是统治者所信奉的主流思想。至西汉时期，法家思想被董仲舒吸纳，成为新儒学的一部分。至此，我国的法治思想、法治文化乃至整个社会文化，都打上了法家思想的烙印。

法家的代表人物有很多，如春秋时期的管仲、子产，战国时期的李悝、吴起、慎到、商鞅、申不害等，其中最著名的当数战国末期的韩非，他将申不害的“术”（意指驾驭之道或帝王之术）、慎到的“势”（意指权势、权威）和商鞅的“法”相结合，并全面总结法家的思想和实践，成了法家学派的集大成者。其思想主要体现在“明法”“任法”“壹法”三个方面。

“明法”主要强调法律必须公开、简洁、明了。法家认为，法律得以实施的重要前提是“显”和“明”。“显”就是强调法律要尽可能地公开。在法家看来，法律首先是给老百姓制定的，其主要目的是规范民众行为，百姓是否了解法律的内容，会直接影响法律的实施。如果百姓不知道具体法规，就无法根据法律的指引选择自己的行为，那么法律就会失去其存在的意义。另一方面，法家认为法律是各级官员行使职责的依据，是约束官员权力的准绳。如果各级官员不知法律的具体规定，就有可能滥用职权侵害百姓的合法权益。因此，无论是作为规范百姓行为的准则，还是作为衡量官员行为的尺度，法律要想被遵守，公开和可知是必不可少的前提。“明”就是强调法律要通俗易懂，明确具体。这样一来，对于老百姓来讲，不管其文化水平是高还是低，是聪明还是愚笨，都可以比较容易地掌握法律的内容，并以此来规范自己的行为。对于各级官员来讲，由于法律对各种行为的尺度规定得非常明确具体，解释和执行起来也会相对容易。

如何“明法”？法家根据不同的对象也提出了不同的主张。对于官员来讲，应当自觉学习法律，及时了解和掌握法律规定的内容。对于老百姓来讲，应当以吏为师，不要自己随意地学习和研究法律，遇到不理解的问题时，应当及时请教懂法律的官员，由官员答疑解惑，进行权威解读。

“任法”强调法律的核心价值在于实施。韩非子认为“道私者乱，道法者治”[①]，意思是说，遵循私道治国，国家就会动乱；遵循法度治国，国家就会安定。因此，一个国家不仅要有法可依，而且必须有法必依。“任法”要求法律必须实现“必”和“信”:“必”是指法律适用的必然性，“信”是指法律的公信力，两者相辅相成，相互促进。如果法律得到坚决贯彻和执行，那么自然就有了公信力，一旦法律有了公信力，人们也就会自觉地遵守法律，法律也就自然能够得以有效地实施。

如何“任法”？法家认为关键在君主。只要统治者能够将法律作为考察官员功绩、评判民众言行以及衡量其他任何事情的唯一依据，法律就会得到有效实施。“明主使法择人，不自举也；使法量功，不自度也”[②]，意思是说，圣明的君主，依照法律

---

①《韩非子·诡使》。

②《韩非子·有度》。

的规定选贤举能，而不是凭借自己的好恶；依照法律的规定论功行赏，而不是凭借自己的感受，统治者只要做到依照法律行事，不需要依靠其他的办法和手段就能树立自己的威信，治理好国家。

“壹法”强调法律适用的平等性。“壹法”也就是我们平常所说的“法律面前人人平等”，无论是卿相还是将军，无论是士大夫还是百姓，只要违反了法律，犯了罪，就应当受到相应的惩罚。法家强调，法律在适用时，不应当考虑行为人的身份和地位；之前有立功表现或者之前行过善举，但是之后犯罪了，也不能以之前的行为来折抵之后的刑罚。

除了上述主张，法家学说中还有一些法治思想十分先进。例如，法家先驱管仲提出：“令于人之所能为则令行”[①]，意思是在人们可以做到的情况下，法律才会被遵守。用现在的法律谚语来说就是“法律不强人所难”，这与现代刑法中的“期待可能性”[②]理论有着共通之处。再如，“令未布而民或为之，而赏从之，则是上妄予也；令未布而罪及之，则是上妄诛也。”[③]大意是，按照尚未公布的法令去奖赏或者惩罚民众的行为是错误的。这与“法不溯及既往”的现代法治理念非常相似，旨在强调法

① 《管子·形势解》。

② 期待可能性，是指根据行为时的具体情况，有可能期待行为人不实施违法行为，而实施其他合法行为。

③ 《管子·法法》。

律对其生效之前的行为是不具有约束力的，不能依照事后的法律去规范事前的行为。

三、昙花一现：严刑峻法的代价

虽然法家的治国理念中有许多观点都极具开创性和先进性，但是为什么将法家思想贯彻到底的秦朝，只经过了短短数十年时间便覆灭了呢？这跟法家的重刑主义的原则有很大的关系。

重刑主义，是指以轻罪重刑、严刑酷罚和原心论罪等为主要特征的一种刑罚思想。在人类文明发展早期，重刑主义一直是社会刑罚思想的主流，世界各国概莫能外。夏朝作为中国历史上第一个专制的国家政权，已形成以肉刑为主的刑罚体系，重刑主义初露端倪。春秋战国时期，以商鞅、慎到和韩非为代表的法家学派精英，将重刑主义不断发展完善，形成了一整套逻辑较为严密的理论。

在中国法律思想史上，商鞅第一个系统地提出“禁奸止过，莫若重刑”[①]的重刑主义原则。他认为人性本恶，必须采取“以杀去杀”“以刑去刑”[②]的方式才能更好地治理国家。韩非在总结前期法家的理论和实践的基础上，进一步完善“严刑重罚”的

① 《商君书·赏刑》。

② 《商君书·画策》。

重刑理论，为中央集权的封建制度建立提供了理论根据，开创了中国古代社会重刑治世的理论先河。

重刑主义以轻罪重罚、严刑峻法为基本特征，带着浓厚的时代烙印。首先，重刑主义主张“轻罪重刑”。在古代社会，社会生产力水平比较低下，受教育只是少数人的特权，整个社会的文明程度并不高。法家认为，轻罪实行“重刑”符合人们的畏惧心理和利害原则，尤其是对于文化水平不高的普通民众来讲，其很容易因为“重刑”而产生畏惧以至于不敢犯罪，是“去刑”（消灭刑罚）的重要途径。商鞅对此有过精辟论述：“行罚，重其轻者，轻者不至，重者不来，此谓以刑去刑，刑去事成。”[1]湖北省云梦县秦墓出土的大量秦法的竹简，就记载了不少轻罪重罚的典型案例：甲盗窃所得赃物值一千钱，乙知道甲的偷盗行为但没有参与，甲分给了乙一点赃物，最终乙与甲同罪论处；一个人夜里去偷东西，赃物值一百一十钱，他的妻儿知情，并和他一起用盗窃所得买肉吃，最终其妻儿和盗窃者一样论罪。

其次，重刑主义主张残酷刑罚。法家认为要达到“以刑去刑”的目的，就必须在执行刑罚的时候采取非常残酷的手段，才能产生恐怖的震慑效应。以死刑为例，执行方式有“族、诛、磔、戮、弃市、枭首、绞、斩、车裂、戮尸”等多种，甚至还

① 《商君书·靳令》。

有“具五刑”。残酷刑罚与轻罪重刑是彼此补充，相互一致的。在这种理念的指导下，拷问和体罚成了当时刑罚制度的突出特点。

再次，重刑主义主张“不赦不宥”。法家思想认为，执行刑罚时对任何人都不应当赦免和宽宥，不管谁犯法，都要依法严惩，不管什么情况下都不得从轻处理，就算之前立过功或者是做过善事，也不能因此而减轻处罚。

虽然法家的代表人物也高举“爱民”的大旗，强调重刑的目的不在惩罚，而在“禁奸”，不是“伤民”，而是“爱民”，这种实质上的刑罚恐怖主义在短期内可能会取得显著效果，却无法持续。当刑罚体系因失去打击重点而失衡时，必然会引起社会矛盾的激化。秦朝统治者将法家的治国理念奉为圭臬，企图用严酷刑罚对百姓形成震慑，导致秦朝陷入“一夫振臂，天下土崩”的危局，最终，秦朝在中国数千年的历史长河中犹如昙花一现，只存在了短短十数载便因农民起义而土崩瓦解。

第二节　罪大者罚重，罪小者罚轻

“罪大者罚重，罪小者罚轻”的法治理念，是汉朝统治者反思秦朝施行暴政而迅速灭亡的教训后所提出的主张，出自《汉书·爰盎晁错传》。晁错在谈到刑罚的作用时认为，之所以要对违法者适用刑罚，不是为了发泄愤怒，而是为了最大限度减少危害国家行为的发生，所以罪行重的处罚就应当重，而罪行轻的处罚就应该轻；这样人们就算犯了死罪并且被处死也不会有怨言，而会明白这是他们罪有应得，咎由自取。

“罪大者罚重，罪小者罚轻”的法治理念，与现代刑法的基本原则之一——罪刑相适应原则如出一辙，强调行为人受到的处罚应当与其所犯的罪行和承担的刑事责任相适应。

一、由重到轻：汉朝的刑罚改革

汉朝为了彻底消除秦朝暴政的影响，在法制领域推行了一系列改革措施。汉惠帝四年（前 191）废除《挟书律》是其中很重要的一项。《挟书律》是秦始皇在进行焚书时采纳丞相李斯的建议而实行的一项法令，主要内容是禁止儒生以古非今，民间如有私藏《诗》《书》和百家书籍者族诛。秦统一六国后继续采取严刑峻法的高压政策，六国遗民的亡国之恨加上春秋战国“百家争鸣”思想的余波，各种对秦不满的言论在社会上不断发酵传播。秦相李斯上书秦始皇建议将除了《秦记》之外的书全部烧毁，并且禁止百姓私藏《诗》《书》等著作。

《挟书律》的废止，意味着法家学派以外的其他著作也可以在民间流传，于是儒家、道家的学说在短时间内就得到复兴，特别是黄老学说，对汉初“无为而治”“与民休息”的政策产生了很大的影响。

高皇后吕氏把权后，又下令“除三族罪、妖言令”。“夷三族”可谓秦朝最惨无人道的刑罚，直到西汉初年仍被广泛使用，不仅犯罪者本人要被处死，往上一代的直系亲属、往下一代的直系亲属、与自己同辈的配偶及兄弟姐妹都难逃一死。汉高祖刘邦驾崩后，吕雉突然宣布废除三族罪，意味着可以避免很多无辜之冤。“妖言”就是发表不当言论、诽谤统治者，“妖言令”出现在战国时期，是指对诽谤统治者、发表不当言论的人处以极刑。废除“妖言令”意味着有关政治的谣言将不会再被追查。

上述这些法制改革措施，极大促进了思想活跃、推动了文化的快速发展，使社会自由得到充分释放，但总体上讲，汉初的法律还带有明显的秦朝烙印，大部分刑罚措施还相当严厉。此外，汉初还保留了一些刑罚的连坐形式，例如收孥之刑，“孥”是指妻子和儿子，这种连坐形式是将犯人的家人收官为奴，这样的刑罚被称为“孥戮”；还有一种刑罚措施叫作“籍没”，不仅会将罪犯的家人收官为奴，取消户籍，罪犯的全部财产也会被没收充公。

到了汉文帝时期，汉朝的刑罚制度从重到轻有了一次很大规模的改革。汉文帝登基后三个月，就下令废除“收孥相坐律”。据《史记·孝文本纪》记载，刚开始丞相周勃、陈平等人受法家重刑理论的影响，认为采用连坐的办法可以让老百姓互相监督，不敢以身试法，有利于维护社会秩序，坚决不同意废除“收孥相坐律”。但文帝认为法令是用来制止暴行、引导人们向善的准绳，如果犯罪的人已经为自己的行为付出代价，他们无罪的父母、妻子、儿女和兄弟却还要因此而被定罪，甚至被收为奴婢，这种做法很不可取。在文帝的坚持下，各种拘执罪犯家属为奴婢，以及各种相连坐的律令最终被废除。

不久后，文帝又宣布废除自秦朝沿袭下来的“诽谤律”，因为文帝认为诽谤罪的存在会使得很多大臣不敢讲实话，这不利于皇帝了解实情、引贤纳谏。比如老百姓愚昧无知诅咒皇帝，官员们慑于这是大不敬的罪行，要么互相包庇隐瞒，要么相互告发，因此这样的法律条文应该废除。

上述这些措施都不过是大变革的前奏而已，真正具有划时代意义的改革发生在汉文帝十三年（前 167），淳于缇萦为救父亲上书汉文帝，直接促使汉文帝下诏废除肉刑。此外，汉文帝还有一项创举，他规定：“罪人各以轻重，不亡逃，有年而免”[①]，意思是根据罪犯所犯罪行的轻重，确定不同的刑期，经过一段时间后，如果罪犯没有逃跑，就可以不用再执行相应的刑罚。而在此之前的刑罚，是没有规定具体刑期的，除非得到赦免，否则罪犯的死期就是他的刑期，汉文帝的创举就相当于我们现在的“有期徒刑”。

汉景帝即位后，在文帝的基础上进一步推行减刑改革。文景二帝的刑罚改革具有重大意义，基本上废除了此前沿用数千年之久的黥刑、劓刑和刖刑。从此除了死刑犯之外，其他的罪犯基本可以保持其身体的完整。另外，这次改革还体现了统治者对刑罚功能态度的转变，之前“轻罪重罚”，注重的是刑罚的惩戒作用，而从汉文帝的改革可以看出，刑罚的目的不仅是处罚犯罪人，更重要的是教育和改造犯罪人，要给他们重新做人、改邪归正的机会。这样的理念是十分先进的，欧洲直到 19 世纪才开始出现这样的思想。

---

①《汉书·刑法志》。

二、抓大放小：对“十恶”的严惩

我们经常用“十恶不赦”来形容一个人罪大恶极，不可饶恕，这说明在古代“十恶”是非常严重的犯罪，也是国家重点惩治的对象。虽然“十恶”的概念形成得比较晚，到隋朝时才正式确定下来，但是其中包含的重罪类型却早已有之。

《周礼》中就归纳出“乡八刑”作为国家重点惩治的犯罪，这八种犯罪分别是：不孝（对父母不孝顺）、不睦（与族人不和睦）、不姻（与姻亲不团结）、不弟（与兄弟不友爱）、不任（对朋友不信任）、不恤（对弱者不同情）、造言（造谣）和乱民（暴乱）。在秦汉时期，像“谋反”“大不敬”“不孝”“内乱”“大逆无道”等，也都是重罪。以“不孝”为例，在秦朝如果父亲状告儿子不孝，既不需要证人证言，也不用经过通常的程序，官府就可以直接把儿子抓起来进行审问。

北齐时期，《北齐律》系统地将这些重罪归纳为“重罪十条”。据《隋书·刑法志》记载：“（北齐律）有列重罪十条，一曰反逆，二曰大逆，三曰叛，四曰降，五曰恶逆，六曰不道，七曰不敬，八曰不孝，九曰不义，十曰内乱。”犯了这十类罪，一律从重严惩，并且这十种犯罪不得享受大赦的待遇，也不得享受“八议”“例减”“赎刑”等特权。

隋朝《开皇律》中的“十恶”在继承北齐“重罪十条”的

基础上，对相关内容进行了一些调整。首先，将“重罪十条”的叫法改为“十恶”。将重大的犯罪行为称为“罪”是我国自古以来的传统，而隋朝打破这一惯例，首创“十恶”的叫法。“恶”具有一种道德评价的意味，与传统“礼法合一”的趋势相适应。其次，将“降”并入“叛”中，不再单列，并增加“不睦”。这一改变体现出“十恶”中关于国家利益的条目在减少，而关于家庭伦理的条目在增多。再次，在“反逆”“大逆”和“叛”这三项罪名之前增加了一个“谋”字，这反映出隋朝对危害国家政权和皇权行为的警惕，对于这类行为，不仅要惩罚“已行者”，对于那些谋划犯罪、预备犯罪，甚至是仅仅有犯罪意图的人也要加以制裁。

自隋朝开始至清末变法前的一千多年时间里，于律首列举“十恶”罪名并且加重处罚，一直是中国传统律法的基本原则之一。为什么这十种犯罪会被封建统治者确定为重点打击的行为呢？主要原因是“十恶”与封建纲常伦理中最为重要的道德要求“忠”“孝”“义”等相抵触。

“忠”就是效忠皇帝，旨在保护君权。“十恶”中的“谋反”“谋大逆”“谋叛”和“大不敬”都是对“忠”的挑战。“谋反”和“谋大逆”合称为“谋反大逆”，位列“十恶”的前两名，直接威胁皇帝的统治和权威，是重罪中的重罪，一般都会处以极刑。唐宋时期的法律规定犯此罪者“皆斩”，明清时期的法律更是规定“凌迟处死”。“谋叛”位列“十恶”第三位，是指叛变叛逃等犯罪，这类犯罪的处罚也很严重，罪犯本人会被处死，他的父母、妻子和儿女通常也会被流放。“大不敬”排在“十恶”第六位，这类犯罪侵犯的是皇帝的人身安全和人格尊严，同样难逃一死。

除了君权，我国古代也特别重视父权，“孝”旨在维护以父权为核心的家族长幼秩序。“恶逆”“不孝”“不睦”和“内乱”这四类犯罪就是针对违反孝道的行为。“恶逆”位列“十恶”第四位，主要指公然反抗家长的行为，比如子女殴打、谋杀父母和长辈，妻子谋杀、殴打丈夫等。“恶逆”在唐宋会被斩首，在明清则会被凌迟。“不孝”位列“十恶”第七，其包含的罪行很广泛，例如子女告发父母犯罪，儿女咒骂父母等行为，在唐宋时期会被处以绞刑；儿女无法满足父母的要求，也是不孝，会被判处两年徒刑；还有在父母健在时要分家、别籍异财的，父母去世不请假奔丧的，都会被判不孝。“不睦”位列“十恶”第八，是指家族内部成员之间关系不和谐，比如兄弟之间拳脚相向、近亲属之间的遗弃虐待等。“内乱”位列“十恶”之尾，是指发生在家族内部的乱伦行为，一般也会被判处死刑。

与“忠”“孝”不同，“义”所维护的关系是基于日常社会交往而产生的伦常。“不义”位列“十恶”第九，具体包括百姓杀死官员、士兵杀死军官、学生杀死老师、妻子在丈夫死后立刻改嫁等行为。

在“十恶”之中，还有一类犯罪叫“不道”，是指违反最基本的天道，做伤天害理的事情，位列“十恶”第五。这类犯罪是恶性犯罪的统称，诸如杀人碎尸、用蛊毒之术害人等。

总的来说，对“十恶”的“重惩”主要体现在以下几方面：谋反、谋叛、谋大逆三类带“谋”的犯罪，都将预备犯或者思想犯作为惩处的对象；罪犯一般被处以死刑；惩罚会株连亲属；大赦不及于“十恶”；决不待时，因“十恶”而被判处死刑的罪犯不受一般死刑禁决时间的限制，除了不得在“断屠月”[①]“禁杀日”[②]行刑外，没有其他的限制；不适用“八议”等宽宥政策，死罪不得上情，流罪不得例减。[③]

“十恶”犯罪行为，要么是危害君主专制和中央集权的行为，要么是危害父权和家庭伦理道德的行为，要么是严重违反传统道义的行为，所以一直是封建专制打击的重点。而其他类型的犯罪社会危害性要小得多，惩罚也就没那么重了。比如，盗窃罪，通常都不会处以较重的刑罚，就连以重刑闻名的秦朝，对于盗窃犯也不会判处死刑，最重的刑罚就是割掉罪犯的鼻子并且让他去修长城。到了汉朝，因为废除了肉刑，连鼻子都不

---

① 唐律以每年农历正月、五月、九月为停止执行死刑的月份。

② 法令或者习俗中禁止执行死刑的日子。

③ 上情和例减皆是针对官员的减刑制度，可以从轻处罚，减轻一等。

用割了，只在犯人脸上刺字后再发配去修筑长城即可。到了唐朝，盗窃罪最重的刑罚也就是流放到偏远地方落户。这种“抓大放小”的做法，反映了我国古代封建社会立法的基本精神。

三、罪责相称：宽严相济的刑事政策

如何才能最大限度地发挥刑罚的作用和功能，我国古代的思想家们对这一问题进行了深入思考并提出了不同主张。如前所述，法家主张通过重刑来发挥刑罚预防犯罪的作用，其代表人物韩非提出，重罚一个罪犯，就能够将社会的不良风气遏制住；虽然受到处罚的是犯罪人，但其他百姓会因此感到害怕而不敢犯罪。而儒家的观点截然不同，孔子认为，处罚犯罪的措施要适当，应当与他所犯的罪行相适应，如果刑罚措施不恰当，那么百姓就会手足无措。法家对刑罚的认识过于简单粗暴，刑罚的威慑关键在于保持一个合理的级差，如果没有级差，大多数罪名都将刑罚加到极限，那么刑罚的威慑力也就消失了。其实像秦朝一样将法家重刑主义原则贯彻到底的极端做法，在我国古代也并非常态，中国历史上很多法律规定和制度，都体现了罪刑相适应的观念。

定罪量刑时要做到主客观相一致，既要考虑到行为所造成的客观结果，又要考虑到行为人的主观危险性，这是现代刑事司法的重要准则，这一理念在我国古代的刑罚制度中有不少体现。早在西周时期，我国法律就将故意犯罪和过失犯罪进行区分，这说明当时对犯罪主观恶性程度上的差别已经有了比较清楚的认识。

据《尚书·康诰》记载，周公曾对即将统治殷商移民的康叔说：即便一个人犯的罪很轻，但若是故意为之且是惯犯的话，也应当处以死刑；反之，如果有人因为过失犯了很重的罪，并且是偶犯，这种人所犯的罪行虽大，也不能处以死刑。“宥过无大，刑故无小”，就是指这种对过失犯罪从轻或者减轻处罚，对故意犯罪加重处罚的原则。

秦朝的法律也明确规定要区分罪犯是否有主观故意的情节，并在此后历朝历代得到沿袭。比如我国历代法律将杀人案件细分为谋杀（有预谋地杀人）、故杀（临时起意故意杀人）、斗杀（斗殴致人死亡）、误杀（杀错了人）、过失杀（过失而致人死亡）和戏杀（嬉闹中不慎致人死亡）六类。这些行为虽然客观上都导致了被害人死亡的结果，但谋杀、故杀、斗杀和误杀这几种行为，行为人都有很强的主观恶性，也就是说他们追求或者是放任被害人的死亡，因此法律对他们的惩罚都很重，要么斩首要么处以绞刑。而像过失杀和戏杀，因为行为人根本不想造成被害人死亡的结果，他们也完全没有想到会发生死亡，根本不存在犯罪的故意，所以对这些行为的处罚相对较轻，就算被判处死刑也可以用钱来赎罪，以免除刑罚。

就共同犯罪而言，主犯和从犯的处罚力度也会有所区别。儒家的法律思想就特别强调“首恶”这个概念，《春秋》中对此也有所体现：在犯罪中起主要作用的犯罪分子要受到重罚，其他人则可以从轻处理。

此外，在量刑时也会考虑一些因素，作为从轻或者减轻处罚的情节。《周礼 · 秋官 · 司刺》中记载有“三宥”，即三种情况可以从轻或者减轻处罚：“一宥曰不识，再宥曰过失，三宥曰遗忘。”“不识”好理解，就是不知道有这个法律。百姓不知道法律，说明统治者对百姓的教育不到位，对这类犯罪行为进行宽宥是很合理的。“过失犯”，就像前面讲到的，因为行为人主观上没有犯罪的故意，没有刻意地去追求危害结果的发生，跟故意犯罪的人相比，其主观恶性没有那么强，社会危害性也相对较小，因此也可以宽宥。由于遗忘导致犯罪的情况，同样也应当因为行为人在主观上不存在犯罪故意而受到宽宥。

除了“三宥”之外，自首也可以作为减轻或者免除处罚的情节。据考证，我国自首制度的雏形出现于西周时期，秦汉时期逐渐发展，至唐代日臻成熟。唐律中关于自首的规定已相当完备：从自首的形式要件和实质条件到自首的适用范围、处理原则等问题，都有明确而细致的规定。比如，自首的主体，唐律规定了“亲首”“代首”“为首”和“相告言”四种类型。“亲首”就是犯罪者本人亲自向官府交代自己的罪行，这是自首的主体。“代首”是指委托他人代替犯罪者向官府交代犯罪事实的情况，其主体可以是接受犯罪者委托的任何人。“为首”指犯罪者的亲属到官府交代犯罪者犯罪事实的情况，无论罪犯是否知悉，都可认定为自首；而构成“为首”的亲属，唐律中也有专门限定。“相告言”指依法没有检举揭发义务的人（主要指亲属）向官府告发犯罪人，亦以自首论。

第三节　法治的公平与正义

公平与正义是人类文明的重要标志，是衡量一个国家和社会文明程度的重要标准，也是法律所追求的重要价值。说到公平和正义，中国文化中有一个公认的人物，就是包拯。

我国民间流传着许多关于包拯的传说。他审奇案、平冤狱的故事引人入胜，他铁面无私、刚正不阿的形象深入人心。传说他有三把御赐的铡刀，分别针对三种行刑对象，拥有先斩后奏的权力：龙头铡的适用对象身份最为显赫，可铡皇亲国戚、凤子龙孙；虎头铡的适用对象次之，可铡贪官污吏、祸国奸臣；狗头铡再次之，可铡土豪劣绅、恶霸无赖。这三把铡刀的存在，无疑给包拯执法断案增添了不少底气。

据考证，中国古代法律里并没有用铡刀做刑具的规定，也没有铡刀行刑的记载；关于包拯的权威史料中也没有与三把铡刀相关的内容。由此我们可以推断，真实的历史中，包拯的三把铡刀并不存在。那为什么关于包拯的一个个故事在一千多年的历史长河中非但没有被淹没，反而越传越神呢?

包拯的出现，在那个官官相护的社会撕开了一个缺口，让饱受特权阶级欺压的黎民百姓看到了一丝曙光。他们的诉求终于有了可以被听见的机会，他们的冤屈终于有了可以被洗清的可能。是非对错有了客观的标准，法律规定也不再只是一纸空文，有人能为他们伸张正义、辩护发声了，这让弱小无助的他们看到了希望，所以百姓才会尊称包拯为“包青天”。正是出于对包拯的尊重和敬爱，百姓才会将他的形象不断神化，将他塑造成一个接近完美的存在。这也反映出，当时的人们对公平和正义的向往，对平等和法治的期待。

中国特色社会主义进入新时代，社会主要矛盾由人民日益增长的物质文化需要与落后的社会生产之间的矛盾，转变为人民日益增长的美好生活需要和不平衡不充分的发展之间的矛盾。人民群众对公平和正义的要求越来越高，对平等和法治的渴望更加迫切。这就要求我们在实现中国式现代化的过程中，坚持人民主体地位，充分体现人民意志、保障人民权益、激发人民创造活力，保障和促进社会公平正义。

一、科学立法，夯实法治根基

在党的二十大报告中，习近平总书记强调：“坚持把实现人民对美好生活的向往作为现代化建设的出发点和落脚点，着力维护和促进社会公平正义”。在当代中国，追求公平正义，最重要的就是要坚持全面依法治国，坚定不移走中国特色社会主义法治道路。

古人云：“立善法于天下，则天下治；立善法于一国，则一国治。”[①]法律是治国之重器，良法是善治之前提。立法是国家的重要政治活动，是把党的主张和人民的意志通过法定程序转化为国家意志的过程，关系党和国家事业发展全局。经过长期努力，中国特色社会主义法律体系已经在2010年形成，并不断完善和发展。但我们也必须清醒认识到，当前我国一些法律规范仍然存在着不协调、不适应、不好用的问题，特别是在食品药品、安全生产、生态环境等领域，仍然存在着法律规范该硬的不够硬、该严的不够严、该重的不够重等问题，法律规范体系还需要适应新时代的新要求进一步健全完善。

同时，作为社会实践经验的总结，法律必然需要随着改革

① 《王安石文集·议论·周公》。

开放的脚步和社会实践的发展而不断发展。因此，在推进国家治理体系和治理能力现代化的大背景下，加快形成完备的法律规范体系仍然是一项艰巨繁重的历史任务。对此，习近平总书记在主持十九届中共中央政治局第三十五次集体学习时强调：“要抓住提高立法质量这个关键，深入推进科学立法、民主立法、依法立法，统筹立改废释纂，提高立法效率，增强立法系统性、整体性、协同性。”[①] 加快完善法律、行政法规、地方性法规体系，以及与之相配套的制度规定和社会规范体系，注重发挥依规治党对党和国家事业发展的政治保障作用，形成国家法律和党内法规相辅相成的格局，为全面依法治国提供基本依据。

党的十八大以来，我国不断完善中国特色社会主义法律体系，在事关国家安全、生态环保、公共卫生的重要领域，出台了一系列基础性、综合性、统领性的法律。在国家安全领域，制定生物安全法、数据安全法，修改反恐怖主义法。在生态环保领域，形成“1+N+4”的法律制度体系，即 1 部基础性、综合性的环境保护法，若干部涉及大气、水、固体废物、土壤、噪声、海洋、湿地、草原、森林、沙漠等的专门法律，长江保护法、黄河保护法、黑土地保护法以及青藏高原生态保护法等

① 《坚定不移走中国特色社会主义法治道路 更好推进中国特色社会主义法治体系建设》，《人民日报》2021 年 12 月 8 日。

4 部特殊区域保护法律，有力推动了人与自然和谐共生的美丽中国建设。在公共卫生领域，制定强化公共卫生法治保障立法修法工作计划，制定基本医疗卫生与健康促进法、疫苗管理法，修改动物防疫法、药品管理法。

十三届全国人大常委会的五年任期内，历次大会和常委会会议制定法律 47 件，修改法律 111 件，作出法律解释、有关法律问题和重大问题的决定决议 53 件，已经审议尚未通过的法律案、决定案 19 件。完善了宪法及宪法相关法，通过宪法修正案，修改选举法，制定监察法、监察官法、公职人员政务处分法，根据人大的授权制定了香港特别行政区维护国家安全法，对香港国安法有关条款作出解释。

党的十八大以来，党内法规体系进入加速形成阶段。以习近平同志为核心的党中央统揽“四个伟大”，立足党和国家事业发展全局，有针对性地作出一系列理论指导和决策部署，党内法规制定力度之大、出台数量之多、制度权威之高、治理效能之好都前所未有，在建党 100 周年之际形成了由 3615 部党内法规共同构成的党内法规体系。

这些法规覆盖了党的领导和党的建设方方面面，基础主干部分党内法规基本上应有尽有，各板块的党内法规比较齐全，各领域各层级的配套党内法规比较完备，党内法规体系内部总体做到了内容科学、协调统一，我们党管党治党、执政治国全面实现了有规可依、有章可循。[①]

在形成完备的法律规范体系的过程中，影响最大的立法事件莫过于我们编纂完成新中国历史上第一部以法典命名的重要法律——《民法典》。从人类文明发展史来看，编纂法典是具有重要标志意义的法治建设工程，是一个国家、一个民族走向繁荣强盛的象征和标志。

《民法典》共 7 编、1260 条，各编依次为总则、物权、合同、人格权、婚姻家庭、继承、侵权责任，以及附则，是一部体现对生命健康、财产安全、交易便利、生活幸福、人格尊严等各方面权利平等保护的民法典，是一部具有鲜明中国特色、实践特色、时代特色的民法典，可以说是一部指导社会生活的百科全书，被誉为“新时代人民权利的宣言书”。《民法典》的颁布，对推进全面依法治国、加快建设社会主义法治国家，坚持以人民为中心的发展思想、依法维护人民权益，推动我国人权事业发展，都具有非常重大的意义。

2023 年 3 月 13 日，第十四届全国人民代表大会第一次会议通过《中华人民共和国立法法》修正案。立法法是规范国家立法制度和立法活动、维护社会主义法治统一的基本法律，对完

① 参见中共中央办公厅法规局：《中国共产党党内法规体系》，《人民日报》2021 年 8 月 4 日。

善立法体制机制、健全立法制度、规范立法活动，推动形成和完善以宪法为核心的中国特色社会主义法律体系，推进全面依法治国，发挥了重要作用。

这次立法法的修正以习近平法治思想为指导，完善了立法的指导思想和原则，明确了合宪性审查相关要求，完善了立法决策与改革决策相衔接、相统一的制度机制，完善了全国人大及其常委会的立法权限、立法程序和工作机制，适应监察体制改革需要补充了相关内容，完善了地方性法规、规章的权限和程序，完善了备案审查制度，对于加强和改进社会主义立法工作，进而在新时代推进全面依法治国、依宪治国，建设社会主义法治国家具有重要意义。

二、严格执法，建设法治政府

“天下之事，不难于立法，而难于法之必行”①，法律的生命力在于实施，法律的权威也在于实施。要使纸上的法变为行动中的法，执法是重中之重，也是建设法治政府、实现社会公平正义的关键。法治政府建设是全面依法治国的重点任务和主体工程，各级人民政府应当也必须承担起率先突破的历史使命。

党的二十大报告强调：要扎实推进依法行政，提高行政效

①《万历起居注·万历元年》。

率和公信力，深化行政执法体制改革，全面推进严格规范公正文明执法，加大关系群众切身利益的重点领域执法力度，完善行政执法程序，健全行政裁量基准，严格落实行政执法责任制和责任追究制度。提高行政公信力，重点是必须解决相关行政部门执法不规范、不严格、不透明、不文明，以及不作为、乱作为等突出问题，其核心在于公正，也就是严格按照法定化的机构、职能、权限、程序、责任，实事求是地处罚和纠正违法行为。

习近平总书记指出：要抓住关键环节，完善执法权力运行机制和管理监督制约体系，努力让人民群众在每一起案件办理、每一件事情处理中都能感受到公平正义。[①]严格执法内含公平正义的价值导向，在执法活动中坚持法律面前人人平等，既要保证执法行为的严肃性和权威性，也必须充分尊重和保证执法对象的合法权益。

2016 年，公安部举办全国公安机关规范执法视频演示培训会，当中明确了这样一个问题：公安干警执法时若遇群众围观拍摄，只要拍摄不影响正常执法，民警必须自觉接受监督，不得强行干涉群众拍摄，要习惯在“镜头”下执法。但不少执法者最初面对镜头时很不适应，有时会粗暴要求拍摄者删除，甚至直接抢夺拍摄工具。而一些拍摄者出于种种目的，往往对拍

①《习近平出席全国公安工作会议并发表重要讲话》，中国政府网 2019 年 5 月 8 日。

摄的内容掐头去尾，进行二次加工，从而导致片面报道、失实报道。而这些情况又导致相关部门在舆论炙烤下手足无措，最终付出损害政府部门公信力的代价。

一些恶意视频的传播不仅让违法者有恃无恐，执法者瞻前顾后，而且亵渎了法律的权威性，使本应惩恶扬善的法律“重拳”显得畏首畏尾。2018 年 5 月，一段上海某地民警执法视频走红网络。警方在正常执法过程中遇当事人不配合，当事人亲属也一直阻拦执法，经口头传唤、三次警告无效后，民警使用了催泪瓦斯和警棍将当事人制服。整个过程中，警察还多次提醒无关人员散开。最终，在驾驶员亲属的叫喊声中，驾驶员被警察带走。现场处置完毕后，执法人员告知围观拍摄者“你拍可以，但不能断章取义”。这一执法事件被大量网友赞为“教科书式执法”。面对违法行为，执法者只要严格履行执法程序，做到依规依法，就能经得住镜头的检验。

党的十八大以来，针对人民群众反映的突出问题，各级政府有则改之，无则加勉，法治政府建设取得有目共睹的成效。国务院共制定、修改、废止行政法规 466 件次，其中制定 56 件、修改 46 件次，“一揽子”修改 327 件次、废止 37 件。十年来，全国各级行政复议机构共办理行政复议案件 190.9 万件，案件纠错率达 13.6%。[1]

2021 年 8 月 2 日，中共中央、国务院印发《法治政府建设实施纲要（2021—2025 年）》，对“十四五”时期法治政府建设作出全面规划，这是新时代法治政府建设的纲领性文件。在“放管服”改革方面，大幅减少一些不必要的行政审批事项，彻底取消非行政许可审批，让群众少跑腿；建立政府权力清单、负面清单、责任清单等，对行政权力进行规范；持续开展“减证便民”行动，推动各地区各部门清理证明事项 2.1 万多项[2]，建设全国一体化政务服务平台，全面推行行政审批“马上办、网上办、就近办、一次办、自助办”，有效解决“奇葩”证明、重复证明等问题，切实解决人民群众办事难、办事慢、办事繁的问题；推动综合行政综合执法改革，严格规范公正文明执法，禁止暴力执法、过激执法等，让行政执法既有力度又有温度。

当前，随着行政执法公示、执法过程全记录、重大执法决定法制审核“三项制度”不断向纵深推进，权力的行使越来越多地在阳光下进行，执法透明度不断增强，人民群众对执法机关的执法行为和服务满意度也在不断提高。

在坚持全面依法治国的大背景下，行政执法机关履职的基

① 张维：《扎实推进依法行政 不断开创法治政府建设新局面》，《法治日报》2022 年 10 月 24 日。

② 张维：《扎实推进依法行政 不断开创法治政府建设新局面》，《法治日报》2022 年 10 月 24 日。

本方式就是执法，行政执法的核心要义在于严格规范公正文明。只要坚持严格规范公正文明执法，做到执法要求与执法形式相统一、执法效果与社会效果相统一，就能不断提高执法公信力，切实维护社会公平正义和国家法律的权威和尊严。

三、公正司法，守护公平正义

公平正义是司法的灵魂和生命。在调整社会关系和解决社会矛盾中，司法发挥着终局性的作用，是维护社会公平正义的最后一道防线。司法公正对社会公正具有重要引领作用，司法不公对社会公正具有致命破坏作用。

要把纸上的法律变为现实生活中的公平正义，司法起着关键作用。司法活动通过适用法律，对合法行为予以确认，对违法行为进行追责，清晰地告诉人们哪些行为是受到保护的，哪些行为是被禁止并会受到惩罚的。司法不仅可以使遭到破坏的公平被恢复，使受到伤害的正义被伸张，还会对社会公正产生引导、推动作用。因此，只要司法公正，很多不公现象就可以通过司法程序得到补救和矫正，社会公正也能够得以恢复。而司法不公将会纵容和放大社会失序现象，进而冲破整个社会公平正义的底线。

什么是公正司法？习近平总书记强调：“所谓公正司法，就是要受到侵害的权利一定会得到保护和救济，违法犯罪活动一定要受到制裁和惩治。”[①]那么如何做到司法公正？如何提高司法的公信力？

党的十八大以来，我国不断深化司法体制改革，加快建设公正高效权威的社会主义司法制度。通过完善司法管理体制和司法权力运行机制，健全纪检监察机关、公安机关、侦查机关、审判机关、司法行政机关各司其职，侦查权、检察权、审判权、执行权相互配合的体制机制。不断完善防止干预司法的制度，保障各级人民法院依法独立行使审判权，不受行政机关、社会团体和个人的干涉。实行“让审理者裁判、由裁判者负责”的办案责任制，强化办案人员的责任感，坚持法定审判组织依法行权和严格执行民主集中制相结合，健全权责清晰、权责统一、监督有序、制约有效的审判权力运行体系。

在诉讼制度方面，推进以审判为中心的刑事诉讼制度改革，完善认罪认罚从宽制度，推进民事、行政案件繁简分流机制改革，根据不同案件、不同情节，适用不同的审理程序，实现大案精办、简案快办，在更高的水平上实现公平与效率的统一。

2020 年 1 月至 2021 年 12 月，最高人民法院根据全国人民代表大会常务委员会授权，在全国 15 个省（自治区、直辖市）

① 人民日报理论部：《新时代的历史性成就和历史性变革》，人民日报出版社 2022 年版，第 99 页。

的 20 个城市开展为期两年的民事诉讼程序繁简分流改革试点工作。各试点人民法院依法全部建立特邀调解名册，纠纷诉前化解率达 35.66%，有效减少诉讼增量；小额诉讼案件平均审理期限 27 天，简易程序案件平均审理期限 48 天，仅为法定审限的一半；在线庭审平均时长 46 分钟，较线下缩短 55%；小额诉讼和简易程序案件质量相关指标均优于全国平均水平。①

在强化人权司法保障方面，坚持惩罚犯罪与保障人权并重的司法理念，加强被告人权利保护，依法保障律师执业权利，完善刑罚执行制度，不断完善国家赔偿制度和司法救助制度，在人权司法保障机制建设上取得积极成果。

2013 年至 2022 年年底，人民法院通过审判监督程序依法纠正 65 起重大刑事冤错案件，改判 129 名原审被告人无罪②，大大提振了全社会对司法公正的信心。尤其是 2016 年 12 月 2 日，最高人民法院第二巡回法庭对原审被告人聂树斌故意杀人、强奸妇女再审案公开宣判，宣告撤销原审判决，改判聂树斌无罪。这起历时二十二年的案件得以纠正，彰显了法治中国对人权司法保障的高度重视，对证据裁判、疑罪从无等法律原则的坚定实践。

① 参见中华人民共和国最高人民法院：《中国法院的司法改革（2013—2022）》，人民法院出版社 2023 年版，第 19—20 页。

② 参见中华人民共和国最高人民法院：《中国法院的司法改革（2013—2022）》，人民法院出版社 2023 年版，第 24 页。

针对人民群众反映突出的违规违法办理减刑、假释、暂予监外执行案件问题，2021 年，最高人民法院部署全国法院全面排查 1990 年以来减刑、假释、暂予监外执行案件 1334.5 万件，对有问题或瑕疵的 5.9 万件督促逐一整改。[①]2021 年 12 月，最高人民法院联合最高人民检察院、公安部、司法部发布《关于加强减刑、假释案件实质化审理的意见》，进一步规范减刑、假释工作。

尤其值得我们关注的是国家赔偿制度方面。党的十八大以来，最高人民法院先后制定发布《关于办理刑事赔偿案件适用法律若干问题的解释》《关于审理国家赔偿案件确定精神损害赔偿责任适用法律若干问题的解释》，就进一步加强刑事冤错案件国家赔偿工作提出意见。进一步明确刑事赔偿疑难问题的法律适用，规范精神损害赔偿裁量标准，充分发挥了国家赔偿的权利救济功能。其中，广受社会关注的呼格吉勒图案、张玉环案等刑事冤错案件的受害人及其近亲属依法及时获得赔偿。

在检察监督方面，为切实发挥检察机关对司法公平的促进作用，检察机关也打出一系列组合拳。根据最高人民检察院 2023 年的工作报告，在刑事检察监督方面，加强对刑事案件全流程的监督，深化立案、侦查、审判监督，从 2021 年起会同公

① 参见中华人民共和国最高人民法院：《中国法院的司法改革（2013—2022）》，人民法院出版社 2023 年版，第 25 页。

安部在所有市、县设立侦查监督与协作配合办公室，通过信息共享，把制约监督做实、协作配合做好；在刑事执行环节，将巡回检察制度纳入人民检察院组织法，通过“派驻＋巡回”的方式让监督更有力。

在民事检察监督方面，近五年来对认为确有错误的民事裁判提出抗诉 2.4 万件，比前五年上升 22.7%；提出再审检察建议 4 万余件。对民事审判和执行活动中的违法情形提出检察建议 38.4 万件，比前五年上升 88.5%。专项监督民间借贷、破产清算、离婚析产等领域打“假官司”问题，依法纠正 4 万余件，起诉虚假诉讼犯罪 5121 人。[①]

在行政检察监督方面，强化精准监督，对认为确有错误的行政裁判提出抗诉 872 件；提出再审检察建议 1059 件。对行政审判和执行活动中的违法情形提出检察建议 14.3 万件，是前五年的 7.2 倍。[②]

在司法工作人员监督方面，严查相关职务违法和职务犯罪行为，严查司法工作人员相关职务犯罪，出台专门规定，严格规范办理司法工作人员利用职权实施的侵犯公民权利、损害司法公正犯罪案件，立案侦查 5993 人。另外，针对执法司法中阻碍律师依法执业问题，监督纠正 8741 件，比前五年上升

① 参见张军：《最高人民检察院工作报告》，《人民日报》2023 年 3 月 18 日。
② 参见张军：《最高人民检察院工作报告》，《人民日报》2023 年 3 月 18 日。

43.6%。与司法部等出台意见，规范检律交往行为，“亲”不逾矩、“清”不远疏。[①]

四、全民守法，树立法治信仰

党的十九届四中全会决定指出，“引导全体人民做社会主义法治的忠实崇尚者、自觉遵守者、坚定捍卫者”。人民的权益要靠法律来保障，而法律的权威则需要靠人民来维护。全民守法既是法治中国的基石，也是法治中国的最高境界。只有当每一个个体都成为法治的崇尚者、遵守者、践行者、捍卫者，法治中国的画卷才会更加斑斓多彩，法治的价值才能够更加彰显。

习近平总书记指出：“法治建设需要全社会共同参与，只有全体人民信仰法治、厉行法治，国家和社会生活才能真正实现在法治轨道上运行。”[②]党的十八大以来，以习近平同志为核心的党中央坚持把全民普法和守法作为依法治国的长期基础性工作，切实采取有力措施，弘扬社会主义法治精神，增强全民法治观念，完善公共法律服务体系，夯实依法治国社会基础。

“要坚决改变‘违法成本低、守法成本高’的现象，谁违

① 参见张军：《最高人民检察院工作报告》，《人民日报》2023 年 3 月 18 日。
② 习近平：《推进全面依法治国，发挥法治在国家治理体系和治理能力现代化中的积极作用》，《求是》2020 年第 22 期。

法就要付出比守法更大的代价，甚至是几倍、十几倍、几十倍的代价。”[①]2013年，最高人民法院建立失信被执行人名单制度，推动对失信被执行人进行联合惩戒，努力破解执行难题。2014年，最高人民法院整合被执行人信息、全国法院失信被执行人名单、执行案件流程信息、执行裁判文书四项公开信息，统一纳入中国执行信息公开网，实现失信被执行人信息等内容统一、及时、自动公开。

2015年，《中华人民共和国刑法修正案（九）》，增设了虚假诉讼罪，将以捏造的事实提起民事诉讼，妨害司法秩序或者严重侵害他人合法权益的行为增列为犯罪。最高人民法院先后印发关于防范和制裁虚假诉讼、在民事诉讼中防范与惩治虚假诉讼工作指引等规范性文件，指导各地人民法院准确识别虚假诉讼要素，加大审查力度，坚决予以制裁。

2016年，国务院印发《关于建立完善守信联合激励和失信联合惩戒制度加快推进社会诚信建设的指导意见》，为褒扬和激励诚信、约束和惩戒失信提供了重要制度保障。2018年9月，最高人民法院、最高人民检察院联合发布《关于办理虚假诉讼刑事案件适用法律若干问题的解释》。2021年3月，最高人民法院会同最高人民检察院、公安部、司法部印发《关于进一步

① 习近平：《论坚持全面依法治国》，中央文献出版社2020年版，第24页。

加强虚假诉讼犯罪惩治工作的意见》，畅通司法机关依法惩治虚假诉讼犯罪的配合协作和程序衔接机制。

近年来，最高人民法院与国家发展和改革委员会等 60 家单位签署文件，推进失信被执行人信用监督、警示和惩戒机制建设，采取 11 类、37 大项、150 项惩戒措施，限制失信被执行人担任公职、党代表、人大代表、政协委员，以及出行、购房、投资、招投标等活动。截至 2022 年 8 月，中国执行信息公开网累计公布失信被执行人 2448.26 万人次[①]，正在发布中的失信被执行人共 756 万人，有 1013 万人次迫于惩戒压力自动履行了法律义务[②]。这一系列举措，有力保护了公民、法人和其他组织的合法权益，使得整个社会的诚信意识得到显著提升。

全面依法治国是国家治理的一场深刻革命，关系党执政兴国，关系人民幸福安康，关系党和国家长治久安。必须更好地发挥法治固根本、稳预期、利长远的保障作用，在法治的轨道上全面建设社会主义现代化国家。新征程上，我们要深入贯彻落实习近平法治思想，以良法善治守护人民群众美好生活、维护社会公平正义，不断开创法治中国建设新局面，使中国特色社会主义法治道路越走越宽广。

---

① 参见中华人民共和国最高人民法院：《中国法院的司法改革（2013—2022）》，人民法院出版社 2023 年版，第 42 页。

② 参见中华人民共和国最高人民法院：《中国法院的司法改革（2013—2022）》，人民法院出版社 2023 年版，第 31 页。

第六章

保护鳏寡孤独、老幼妇残的恤刑原则

大道之行也，天下为公。选贤与能，讲信修睦，故人不独亲其亲，不独子其子，使老有所终，壮有所用，幼有所长，矜寡孤独废疾者，皆有所养。

——《礼记·礼运》

“老吾老以及人之老，幼吾幼以及人之幼。”中华民族自古以来就有体恤老幼残疾的优良传统。中华法系作为中华传统文化的重要组成部分，必然受到其影响，礼法交融，礼渗透于法并影响法就是重要表现。作为礼法结合的重要产物，保护鳏寡孤独、老幼妇残的恤刑原则，在中国漫长的法治进程中一直占据着极为重要的位置。

纵观中国法治的历史进程，无论是法规的确立还是实施，都可以看见恤刑的影子。一般认为恤刑侧重表达刑罚的人道性，即对于涉嫌违法犯罪的老幼妇孕残等特殊群体，在审理中轻缓对待，在惩罚时予以减免，这与中华传统文化中爱民教民、谨慎用刑的原则高度一致。

保护鳏寡孤独、老幼妇残的恤刑原则，在中国古代历朝历代立法、司法制度和法制实践中均有体现，是有效维护封建伦理道德秩序、缓和封建社会阶级矛盾的重要手段。《周礼·秋官》有“三赦之法”，即对年少体弱的人、年纪较大的人及智力有障碍的人采取宽宥政策。秦汉以后建立了一系列保护鳏寡孤独、老幼妇残的法律制度。《唐律疏议》关于宽仁恤刑的规定已经发展得比较成熟。[1]

恤刑原则作为中华传统法律文化的一种优良基因，蕴含其中的慎刑恤罚思想、人文关怀理念、司法裁量权控制以及法制社会建设等思想理念和实践方法，不仅在中国古代法治实践中有重要的地位，在当代中国也有着广阔的舞台，对新时代法治中国建设仍具有重要的参考价值。

第一节　从“三赦之法”到“矜老恤幼”

恤刑原则在西周时期已具雏形，东周时期初步形成，汉代理论化，唐代法典化，主要适用于老人、未成年的儿童、怀孕的妇女及残疾人士等，这个群体恰恰是国家需要特殊关照的群体。从恤刑原则的法律价值看，其产生和发展有利于维护封建伦理道德秩序，在一定程度上对于缓和封建社会阶级矛盾，具有一定的积极作用。从深层维度看，恤刑原则本质上还是为了维护封建专制统治，具有浓厚的法律工具主义色彩。

① 夏锦文:《中华法制文明具有深厚底蕴和独特魅力》,《人民日报》2021年7月12日。

一、西周时期“耄悼犯罪减免刑罚”

西周取商而代之后，为了坐稳江山，统治者在总结商朝暴政灭亡教训的基础上，慢慢认识到依靠单纯的严酷刑罚并不能管理好老百姓，甚至还有可能引发他们更强烈的反抗和起义，于是开始强调道德的教化作用，不滥用刑罚，不乱杀无辜。正是在这种“以德配天、明德慎刑”法制理念的指导下，西周开始出现针对年幼无知、年迈体衰、神志不清者犯罪而宽大处理甚至免除刑罚的司法实践。

《周礼·秋官》中提出了“三赦之法”:“壹赦曰幼弱，再赦曰老旄，三赦曰惷愚。”“非手杀人，他皆不坐。”意思是，对七岁以下的未成年人、八十岁以上的耄耋老人及先天性智力障碍者的违法犯罪，除故意杀人的重罪外，都可以免予追究刑事责任。“三赦之法”根据当事人的行为责任能力，采取矜老恤幼的免刑制度，这是西周“敬天保民”“明德慎罚”法制思想在刑法中的体现。[①] 比如,《周礼》规定犯盗窃罪的人要罚做奴隶，男子发配到“罪隶处”进入官府当奴隶，而女子则被交到舂人[②]或者槁人[③]那里工作。但是一些特殊群体的盗窃罪，比如尚未换牙

① 马志冰：《中国法制史》，北京大学出版社 2004 年版，第 40 页。

② 舂人是祭祀和宴飨时负责供应米物的官员。

③ 槁人是为当值官吏提供伙食的人员。

的儿童（不超过 7 岁的男孩），可以不被发配到“罪隶处”充当奴隶。

“三赦之法”类似于当今刑法中的限制刑事责任能力和无刑事责任能力的规定。七岁以下的未成年人及先天性智力障碍者在心智发育上不成熟、明辨是非能力不强，对他们的犯罪行为从轻处罚甚至不处罚体现了一种人道的司法观念。

二、秦汉时期恤刑的丰富发展

如今我们每个人都希望自己的身高能够“鹤立鸡群”，不过在 2000 多年前大家的期望可能恰恰相反，为什么呢？因为秦朝的法律以身高为标准确定刑事责任，凡身高未达到一定标准的属未成年人犯罪，不负刑事责任或减轻刑事责任。《秦律》规定：“隶臣、城旦高不盈六尺五寸，隶妾、舂高不盈六尺二寸，皆为小。”意思是说隶臣[①]和城旦[②]如果身高不足六尺五寸，隶妾[③]和舂[④]如果身高不足六尺二寸，都视为未成年人，犯罪可减轻或者免除刑事处罚。据研究，秦朝的一尺相当于现在的 23 厘米，六尺五寸不足 150 厘米，六尺二寸约等于 143 厘米。

① 隶臣是指因本人犯罪或被俘或亲属连坐，被充作官属奴婢的男性。
② 城旦是指一种为筑城服四年劳役的刑罚名。
③ 隶妾是指因本人犯罪或被俘或亲属连坐，被充作官属奴婢的女性。
④ 舂是指女性在官府或边境军营服晒谷、舂米的劳役。

在西周时，判定一个人是否承担刑事责任，首先依据的是他的年龄，而不是身高。为何秦朝要以身高为标准呢？因为身高带有明显的直观性，而年龄则带有很大的隐蔽性。要依据人的年龄确认刑事责任，必须查找户籍资料，而在当时又没有出生证、身份证等材料，要准确而快速地判断一个人的年龄是非常困难的。

在不少史料的记载中，都有秦朝以身高判定是否承担刑事责任的案例。据湖北云梦出土的《睡虎地秦简》记载：甲教唆乙盗窃杀人，甲分到了十钱的赃款，但因乙的身高不满六尺，按照当时秦国的法规，乙可以不用受罚，而甲则被处以磔刑。[1]可能有人会问，每个人的身体发育情况各不相同，最终能达到的成年身高与年龄未必能一一对应，简单以身高为标准进行评判是否太过简单粗暴呢？确实是这样，但这在信奉重刑主义的秦朝并不重要，因为身高的直观性和易查证性，可以有效节省司法资源、提高办案效率。

当然，秦法对于身高未达标的人犯罪也并非完全免责，如果达到一定条件，依然要被追责。《睡虎地秦简》中对此也有记载：甲盗窃了牛，盗窃时甲的身高只有六尺，法官认定他未成年，达不到量刑的标准，将其释放。但是第二年，再一次量了甲的身高，发现他身高六尺七寸，已经不属于未成年人了，于

① 原文为：甲谋遣乙盗杀人，受分十钱，问乙高未盈六尺，甲可（何）论？当磔。

是判处甲筑城四年的劳役。[①]

秦朝的恤刑原则在囚犯粮食发放等方面也有所体现。比如，秦律对囚犯家人的粮食供应量有特殊的规定。如果囚犯的妻子为官府服役，则官府每月在为该犯人发放粮食二石的同时，其妻子也可以享有发粮一石半的待遇。如果囚犯的未成年子女可以参加劳动，那么官府每月也会发放给他们粮食一石二斗半；如没有劳动力不能进行劳作，也可以供应一石的粮食，以保证正常生活。与此同时，秦法还规定："其病者，称议食之，令吏主。"意思是说，如果囚犯或其家人因病不能参加劳动，官吏也要视情提供病号饭，而不能任其饿死。这么做的目的一方面是体恤怜悯囚犯的家人，以教育感化违法犯罪者，另一方面也可以在一定程度上缓和社会矛盾，维护社会稳定。

到了汉代，儒家思想的影响力逐渐增强，以"孝道""尊老爱幼"等为核心内容的儒家伦理开始实施，恤刑制度也在此背景下不断发展。

汉初的思想家陆贾、贾谊等人依据西周融汇礼法"明德慎罚"的立法思想，从礼治和法治的角度，解释汤武之所以长治久安、秦朝瞬即乱亡的原因，并提出必须改变秦朝专任法治的思想和政策，实行儒法相参、文武并用、礼法结合、德刑兼施

① 原文为：甲盗牛，盗牛时高六尺，系（系）一岁，复丈，高六尺七寸，问甲可（何）论？当完城旦。

的策略。陆贾在其所著《新语》的“道基”和“辅政”篇中提出:“齐桓公尚德以霸，秦二世尚刑而亡”,“秦以刑罚为巢，故有覆巢破卵之患”。随着汉初统治者治国思路和理念的不断清晰明确，在刑罚上采取相对宽缓的恤刑原则成为共识。

与秦朝相比，在以“仁义礼智信”等为核心的儒家思想指导下，汉朝统治者对老弱妇孺犯罪行为的处罚更为宽松，并形成了一整套相对完善的减免措施和制度，初步奠定了古代恤刑制度的基础。除了故意杀人罪、故意伤害罪、诬告等故意犯罪之外的其他罪行，老弱妇孺都可以减免刑罚，甚至在关押期间可以不戴刑具、狱具。

关于怀孕妇女的死刑执行问题，在汉朝也有相关记录。《汉书·王莽传》记载了王莽儿子宇的妻子在孕期被判处死刑，但到生产后才执行的案例。除此之外，汉朝还特别关照寡妇和被丈夫抛弃的妇女。比如受家族连坐而被判处刑罚的妇女，如果是寡妇或者被丈夫抛弃的，就不受其连坐，不用被判处刑罚，甚至都不用收押进监狱。这就体现了不滥用刑罚、体恤弱者的理念。

三、唐宋律的“矜老恤幼”思想

到了唐代，随着儒家思想在社会各领域的逐步深入，“矜老恤幼”的恤刑原则也慢慢趋于完善和成熟。它高度契合儒家思想以民为本的人文关怀理念，可以帮助统治者树立“仁政爱民”的良好形象，有利于感化和改造罪犯、维护家庭和社会的稳定，对于缓解阶级矛盾、维护封建统治具有十分显著的效果。

唐代律法根据个人认知能力从完全不具备到部分具备、再到完全具备辨认和控制自己行为的发展过程，将老幼犯罪者划分为“七十岁至八十岁、十岁至十五岁者，八十岁至九十岁、七岁至十岁者，九十岁以上、七岁以下者”三个年龄段，各个年龄阶段的刑事责任能力大致如下。

一是减轻刑事责任时期。“七十岁至八十岁、十岁至十五岁”年龄阶段的人，如若所犯之罪为流罪以下的罪行，可以将他们予以“收赎”处置，也就是可以以钱抵罪。对“犯加役流（对某些死刑的宽宥处理）、反逆缘坐流①、会赦犹流②者”，即使不能对这些人施以“收赎”的处罚，也可以令他们“免居作”，也就是可以免予服劳役的惩罚。之所以会有这样的规定，主要是唐代统治者考虑到年高七十岁以上的老者，已是血气衰微，

① 反逆缘坐流：对谋反、谋大逆罪犯一定服制的亲属所处的流刑。

② 会赦犹流：对即使遇到大赦也不能减轻刑罚的罪犯所处的流刑。

而年龄未满十五岁的人尚且幼弱，这两类人都难以承受刑罚之痛，因而在刑罚方面对这两类人予以了宽仁矜恤的待遇。

二是相对刑事责任时期。“八十岁至九十岁、七岁至十岁”年龄阶段的人，唐律规定他们只对“故意杀人、谋反、谋大逆”承担刑事责任，犯其他罪行概不追究。这与当代刑法规定的已满十四不满十六岁者，只对“故意杀人”等严重罪行负刑事责任，有相通之处。处罚相对负刑事责任的人，要比一般案件的程序更为慎重复杂，必须经过“上请”，要皇帝亲自裁决。

三是无刑事责任时期。“九十以上、七岁以下”年龄阶段的人，根据唐律规定可以不负刑事责任，即便是犯下死罪，也不对其施以刑罚。

此外，对于身体或智力有残疾的人，唐律根据病残程度分为废疾和笃疾两种情况。笃疾指身体机能或精神受到重大不治的伤害，比废疾更为严重。废疾对应减轻刑事责任的规定，笃疾对应相对刑事责任的规定。

唐律还有“存留养亲”制度，即死刑犯所犯之罪若非“十恶”中的一种，且其家中父母年老又无其他成年男丁赡养的，可以报请朝廷归家尽孝亲之责，以示宽宥。唐律当中还有类似于现代刑法“从轻”理念的条款，比如《唐律疏议·名例律》第三条规定:“犯罪时虽未老、疾，而事发时老、疾者，依老、疾论。犯罪时幼小，事发时长大，依幼小论。”

唐律对待特殊人群的宽仁矜恤，与特殊人群的心理、生理、智力发育程度是相符合的，具有一定的科学性和合理性，整体体现了唐代“用刑持平”的法制精神，值得肯定。与之前的朝代相比而言，唐律的恤刑制度更加丰富细致，规定也更为具体，更加宽仁，对后世具有深远影响。

到了宋代，统治者开始扩大恤刑原则的适用领域，由单纯的减免刑罚逐渐向刑狱领域扩展，开始注重罪犯的牢狱生活质量，在一定程度上保障了服刑者的尊严。比如，会根据气温变化，为囚犯提供相应的衣物；到了天黑还提供灯油照明；如果囚犯生病了，监狱有专门的医生给予医治，等等。这些措施极大地改善了囚犯的生存条件，是恤刑原则的一大发展。

尤其是南宋时期，随着程朱理学在统治阶级上层的影响不断扩大，统治者们逐步接受以德礼为治国之本的政治主张，更加注重人文关怀和法制建设。宋朝的刑事政策虽然主要从唐朝而来，但随着宋朝社会政治形势的变化，刑法原则也有一些发展变化。其中最为重要的一个方面就是恤刑慎杀思想，其特点为“立法之制严，而用法之情恕”[①]。统治者一方面倡导“重典”，要求立法要严，行刑要重；另一方面，在刑罚执行过程中，他们又认为要宽仁。至南宋孝宗时，则明确要求“法太重而难必行”，要求法贵乎得中。

---

①《宋史·刑法志》。

两宋时期，由于复杂的内外形势导致犯罪日益增多，统治者不得不经常采用“恩宥”的手段以达到缓和社会矛盾的目的。宋代的恩宥之制有大赦、曲赦和德音三种：大赦一般在皇帝即位、改元立储等重要的国家礼仪活动时颁布，赦免程度最高、力度最大，除了明令禁止不得赦免的罪名外，其余死罪以下的罪名都可以赦免。曲赦和大赦的区别主要在于适用地区，大赦是全国通用，而曲赦只有部分州以上的行政区域能够适用。德音介于大赦与曲赦两者之间，论赦免程度不如大赦，但通用全国又比曲赦适用范围广，发挥了很好的机动调节作用。

明代的恤刑原则基本上延续了宋朝传统，在曲折中发展。

清朝的恤刑原则在前朝基础上加强了对妇女犯罪的适用。清律规定妇女犯被判处除死刑之外其他罪的，审判官员提审后不得对其进行关押和拘禁，应交由其亲属带回家中，等朝廷审判结果出来之后再进行处罚。

总的来讲，恤刑原则从萌芽到建立，再到不断地丰富发展完善，是封建统治者“慎刑”和“恤狱”思想的体现，也是我国古代刑罚思想逐渐儒家化的历史过程。虽然统治者采用恤刑的根本出发点并非以人为本，但从实际效果来讲，恤刑原则不仅能够有效缓和阶级矛盾，促进社会治理，稳定社会秩序，而且使得我国刑法制度摆脱了原始形态，由野蛮残酷走上相对人道文明的道路。

第二节　从“依法治孝”说开去

在我国封建时期的历朝历代，统治者都非常重视孝道，不少朝代都号称“以孝治天下”。孝道总体上有利于社会和国家的稳定与安宁，无论是天下太平还是国家危难，统治者选择贤臣良将的标准多半是“求忠臣必于孝子之门”。汉朝皇帝自惠帝起头，都在其谥号前加上“孝”字，如孝惠帝、孝武帝之类；唐玄宗还亲自给《孝经》作注;《二十五史》中因“称孝”而名世的仕宦、学者、武将等数不胜数。

如果说礼制中的尊老、孝亲行为来自远古的民间习俗，来自儒家的道德推扬，那么历朝历代相关法律条款则是硬性约束，不容有违，它是作为习俗传承和道德礼教的孝道得以实行的强制保障。中国传统的儒家伦理、礼仪规范和司法轨制三者形成“孝”互为撑持的完整系统。[1]

---

①杨华：《汉唐如何惩处“不孝”》，《光明日报》2016年3月7日。

一、什么是孝

千百年来，经过一代又一代的积淀，“孝”不但成为人们的一种道德规范和准则，还日益成为中国传统伦理的基础和核心，具有丰富的内涵。

一是归亲、延亲，强调要爱惜自身，传承血脉。《孝经·开宗明义》有云：“身体发肤，受之父母，不敢损伤，孝之始也。”健全的身体是善事父母的首要条件和承载事亲的物质基础，好好地爱惜自己的身体发肤，就是尽孝的开始。《孝经·圣治章》也说“天地之性，惟人为贵”。从这个角度理解，保持身体的完好，珍惜父母给予的生命即为孝。“不孝有三，无后为大”①，“三千之罪，莫大于不孝，不孝之大，莫大于绝祀”②。子女不仅要爱惜自己，还应生儿育女，传宗接代，使家庭得以延续。

同时，儒家主张“战阵无勇，非孝也”③，意思是说，当国家和民族处于危难之际，要不惜付出自己的生命去抗争，若贪生怕死就是对国家、人民的不忠，对父母的不孝。这一主张深刻地揭示出儒家关于生命真谛和价值的哲学认识，有助于深层次地理解孝的本质。随着儒家思想的进一步发展，“不孝”的含义

---

①《孟子·离娄上》。
②《魏书·李孝伯传》。
③《礼记·祭义》。

也在不断发展，但爱惜自己、传承血脉的归亲、延亲理念始终占有重要位置，这在社会生产力相对低下，人口寿命较短的封建时代，对家族和民族的延续壮大具有重要意义。

二是养亲、敬亲，强调赡养父母要尽心尽力。《盐铁论·孝养》说："上孝养志，其次养色，其次养体。""养体"即物质上的赡养仅是第一个层次，满足父母最基本的生存需求；"养色"比"养体"高一个层次，不仅要使父母物质条件上富足，而且要注重使父母精神愉悦，经常面带笑容；"养志"则是更高层面的"孝"，强调要顺从父母意志，使其受尊敬、有价值感。孝敬父母要处理好"礼"与"养"的关系，根据自己的经济条件而为，不要搞花里胡哨的虚礼，要实实在在，不一定要有很高的标准，能尽心尽力就可以了。

孝敬父母还要做到能够满足父母多方面的精神需求。"孝子之事亲也，居则致其敬，养则致其乐"[①]。只有从内心深处热爱父母、尊敬父母、敬重父母，表现出的外在才会有孝的行为。孝的本质即爱和敬，子女行孝时内心要做到常怀"崇敬"之心，侍奉父母时要有感恩之心；从外在行为看，子女在行孝时一定要愉悦，内心的崇敬和外在的愉悦要和谐一致。既要尊敬父母，还要让父母心情舒畅，精神上慰藉父母，尽力为父母营造温馨的氛围，让父母乐在其中，安享晚年。

①《孝经·纪孝行》。

三是疗亲、侍亲。为人子女行孝之时，要时常关注父母的健康状况，自觉履行子女对父母应尽的道德责任和义务。既要为父母高寿高兴，又要因父母年迈而担心忧虑。在父母生病时，要谨慎小心，始终将父母的病情记在心中，发自内心地关切父母的病情，带着忧虑的心情精心伺候照料。在日常生活中，尤其是在父母行动不便之时，要尽心尽力照料父母的起居生活。

四是继亲、尊亲，强调做出成绩，以显父母。子承父道是孝道重要内容之一，对父母正确合理的意愿和事业的支持继承是重要的孝行，这就是继亲。当然，作为孝子能做到继亲是第一步，如果能在先人的基础上有所发展，取得骄人的成就，那就是更大的孝了。在儒家看来，一个人要积极入世，努力治世，对社会作出贡献。只要他在立言、立功、立德方面作出成绩，便可以“扬名于后世，以显父母”①。“夫孝，始于事亲，中于事君，终于立身”②，讲述的就是孝的不同层次的要求，“终于立身”就是为国家为民族建功立业。这是儒家孝道观的最高道德要求，是值得肯定的价值追求。

五是葬亲、祭亲，强调要葬之以礼，从归自然。父母在世时爱之敬之，去世后哀戚，这就是较为完备的孝道了。父母去世之后，为人子女要做到祭之以礼，慎终追远，要时刻牵挂，

① 《孝经·开宗明义章》。
② 《孝经·开宗明义章》。

谨记父母恩德。“祭者教之本也”[①]，作为维持伦理教化、培植孝道的重要手段，古人历来十分重视祭亲，不仅仅因为其承载着对死者的哀思，更重要的是祭亲还指向更广泛的人伦之理，特别是以尊敬君长为中心的社会政治伦理，只有“内则以孝于亲”，才能“外则顺于君长”[②]。

二、秦汉时期孝伦理的制度化法律化

先秦时期就有“不孝”之罪。孔子曾说：“五刑之属三千，而罪莫大于不孝。要君者无上，非圣人者无法，非孝者无亲。此大乱之道也。”[③]对于不孝这种“大乱之道”，当然要归之于罪，治之以刑。所以，《周礼·大司徒》所载“以乡八刑纠万民”的“八刑”中，首刑即为“不孝之刑”。孟子曾列举“不孝”的一些具体表现：“世俗所谓不孝者五：惰其四肢，不顾父母之养，一不孝也；博奕好饮酒，不顾父母之养，二不孝也；好货财，私妻子，不顾父母之养，三不孝也；从耳目之欲，以为父母戮，四不孝也；好勇斗狠，以危父母，五不孝也。”[④]

秦朝进一步把孝与忠相结合，将君臣关系比拟为父子关系，

①《礼记·祭统》。
②《礼记·祭统》。
③《孝经·五刑》。
④《孟子·离娄下》。

将孝养父母和忠诚报国作为每个人的基本职责，使“孝”这一道德范畴内的规范扎根于人的心理情感之中，从而使孝道成为一种普遍的、不可抗拒的理念。

秦王嬴政完成国家统一之后，正式确立了不孝罪。在秦朝，殴打长辈就会被处以黥刑，男性还会被判城旦，女性则会被发配为舂。据《睡虎地秦墓竹简》记载的案例显示，秦朝对不孝罪的惩罚相当严酷。一个父亲状告自己的儿子不孝，请求官府将儿子发配到蜀郡边远地区，并且终生不得离开，官府支持了这个父亲的控告，下令切断其子的双脚后将之流放蜀地，终身不得返回。

秦始皇在东巡途中驾崩，胡亥和赵高等人伪造诏书，企图逼迫公子扶苏自尽，伪诏给扶苏编造的罪名是：“扶苏为人子不孝，其赐剑以自裁！”扶苏接到伪诏后不顾蒙恬劝说执意赴死，他说：“父而赐子死，尚安复请？”言罢便自杀身亡。可见在扶苏心中，遵循“孝道”是不容有任何偏差的。就连被后人唾弃的秦二世胡亥，当赵高力劝其篡位之初，他的第一反应也是：“废兄而立弟，是不义也；不奉父诏而畏死，是不孝也。”[1]

但是由于受到法家重刑主义的深刻影响，秦朝统治者更注重用刑罚去强迫约束老百姓尽孝，而不是从道德层面培养百姓的尊老意识。加之在推行农战政策时，秦朝禁止父子及成年兄

①《史记·李斯列传》。

弟同居一处，否则就要多交税赋，种种原因导致秦朝倡导的孝道并没有得到世人的重视，甚至为后人所诟病。

秦之后的汉朝是第一个宣称“以孝治国”的王朝，汉王朝统治者把“孝”作为治国安邦的理论基础，以“孝治”为基本国策，采取各种措施，大力推行和实践孝道，使“孝”渗透到社会生活各领域之中，并产生了广泛而深远的影响。汉代遵循《孝经》严惩“不孝”的立法原则，在法律上对不孝罪的惩罚非常严厉，大多数情况下要判处“枭首”“弃市”。如果子女伤害父母、仆人伤害主人或主人的父母妻儿，都要被判处当众斩首。《二年律令·贼律》记载，父母可以告发子孙不孝或其他罪行，但子孙绝不能告发父母的任何犯罪行为，反而要为父母的罪行隐瞒掩盖。如果子女告发父母的违法犯罪行为，也要被斩首。

汉宣帝时期颁布的专门的尊老法典——《王杖诏令册》，是当时处理老年问题的重要法律依据。为了表达自己对养老问题的重视，汉宣帝在诏令中强调：“高皇帝以来，至本始二年，朕甚怜耆老，高年授王杖，上有鸠，使百姓望见之，比于节，吏民有敢骂、詈、殴、辱者，逆不道。”为了保障高龄老人的基本生活，《王杖诏令册》规定：“年七十以上，授王杖，比六百石。”年满七十的老人待遇比一个小县县长还要好，应当说是皇帝精心安排的“无官之禄”。

诏令中还规定了关于保护弱势人群的不少人性化措施：年

龄在 60 岁以上且无子女的鳏寡老人，从事商业经营不必纳税，种田不必缴田赋，允许开设店铺售酒；如有人愿意奉养此类老人，政府将给予特殊扶持；对于孤寡、身体残障的人群，政府不得随意摊派劳役；无论民事还是刑事案件都不能捆绑弱势群体；等等。此外，被授予王杖的老者还拥有诸多特权：可以自由出入官府不用下跪，可以在御道（皇帝专用道路）上行走；路上行人见持王杖者要让道，儿女若是虐待持有王杖的老人，甚至有被判处死刑的危险；持有王杖的老人即使触犯刑律，只要不是首犯就可以免予起诉。

三、“以孝治天下”的立国原则

唐王朝建立后，将“以孝治天下”作为立国原则。唐律作为中国封建法律最为成熟的表现，其主要特征是“礼”与“法”的完美融合，唐太宗明确指出：“失礼之禁，著在刑书。”[①] 强调要把一切违背礼教的行为写进法典，运用法律武器进行严惩。

《唐律疏议》作为我国现存被完整保存下来的第一部封建成文法典，其中涉及孝的条款有 58 条，约占全部条款的 11%，而且规定十分具体详细。比如其对“不孝”的概括明确而规范，包括：殴及谋杀祖父母、父母；告发、辱骂祖父母、父母；祖

① 《贞观政要 · 论赦令》。

父母、父母在世，另立户口、分割家产，或者对父祖供养断缺；在父母丧期违背礼的规定，嫁娶或者寻欢作乐；等等。总的来说，就是要遵循儒家孝养父母的传统，否则就是“恶逆、不孝”。《唐律疏议》对不孝罪的处罚量刑也很重，如“告祖父母、父母者，绞”；处罚范围也比较广，不仅规定父母丧期间不准嫁娶，甚至父母、祖父母被囚禁期间也禁止婚嫁。

那会不会存在孝道和法律发生冲突的情况呢？如果有，又当如何处理呢？在唐朝，孝伦理被置于不可动摇的根本地位，统治者将孝道作为立法的基本原则，当法律和孝道之间发生冲突和矛盾时，有专门的条款对“孝”进行保护，必须先尽孝再执法，这也使得“因孝屈法”现象在唐朝频频发生。

元和十年（815），刘禹锡因作《游玄都观咏看花君子》一诗，语涉讥刺当朝新贵，被朝廷贬为播州刺史。御史中丞裴度为刘禹锡向唐宪宗求情说：“刘禹锡确实有罪，但是他的母亲年纪已经很大了，这次与儿子分别后，很有可能就再无相见之日了，实在令人伤心。”唐宪宗说：“作为人子的一定要特别谨慎，千万不要让父母担忧，这也是我为什么要重罚刘禹锡的理由。”裴度又劝说道：“陛下现在也正奉养皇太后，刘禹锡恐怕应该属于同情之列。”唐宪宗沉默了良久才说：“我所说的话只是责备当儿子的罢了，并不想伤害他母亲的心。”第二天，唐宪宗就将刘禹锡从播州刺史改任连州刺史。

孝与法的冲突还集中体现在子女复仇杀人的案件审理上。《资治通鉴》记载了这样一个案例。元和六年（811）九月，富平县人梁悦为父报仇杀了仇人秦杲后，主动到县衙投案自首。此案发生后朝野议论纷纷，唐宪宗专门下了一道敕书，要求大臣们就此事展开讨论，搞清是非曲直。大臣们就此展开激烈辩论，出现了依法惩办和据礼宽免两种截然不同的意见。职方员外郎韩愈上《复仇状》，从儒家经典中有关亲子复仇的记载出发，认为法律对复仇行为无明确条文，不是定律者的疏漏，而是有意为之。若法律禁止复仇就会伤了孝子之心，有违先王之道；若法律允许复仇又会助长擅杀行为，社会将陷入混乱。韩愈提出：最好的办法是把法与礼统一起来，根据案件的具体情况，兼顾礼、法两个方面要求，选择最相宜的处理办法，以便使经与律、礼与法均不失其宗旨。宪宗最终采纳了韩愈等人的意见，决定对梁悦加以宽免，“特减死，宜决杖一百，配流循州”。

明代孝道思想在继承前代的基础上继续发展，对于不孝行为的惩治可谓面面俱到，区分百姓、官吏和王公贵族三种不同身份，规定了具体的惩治措施。明律明确记载，对有不孝行为的老百姓要处以“工役终身”的惩罚，即使有大赦天下的诏令，也不能赦免。

明政府还经常罢任不孝的官吏。如洪武三年，右丞相汪广洋因不孝敬母亲，被御史刘炳弹劾，朱元璋派人查实后，将汪广洋免职。除此之外，将官员革职为民，对不孝的官员不再任用，也是比较常见的处罚方式。如成化十八年，济川卫指挥佥事唐荣就因不孝而被削职为民。

革爵是对王公贵族不孝行为的惩治措施。这一措施主要分为两种：一种是革去有不孝行为王公贵族的爵位，令其在家休养；另一种措施不仅要剥夺其爵位，还要将涉事人员囚禁。对于不孝情节特别恶劣的王公贵族，甚至会勒令其自尽。据《明神宗实录》记载，万历五年，靖江王府辅国中尉经捷极为不孝，长期殴打辱骂其母，致使其母亲含愤而死。经朝廷官员核实后，嘉靖皇帝勒令其自尽。这些惩罚措施在一定程度上对于明王室内部发生的不孝行为起到了很好的震慑作用，在一定程度上有利于引领社会风气、巩固皇家政权。

第三节　人文关怀彰显法治温度

习近平总书记指出："坚持人民主体地位，必须坚持法治为了人民、依靠人民、造福人民、保护人民。"[1] 加强人文关怀是

① 习近平：《习近平谈治国理政》（第 2 卷），外文出版社 2017 年版，第 115 页。

社会主义法治实践中以人为本、坚持人民主体地位的具体体现。在高度关注人民群众物质生活水平提高的基础上，将人民权利和自由的保障，对妇女、儿童等社会弱势群体的关心关爱在立法、执法、司法、守法等各个环节体现，是社会主义法治的题中应有之义。

从本质上来讲，社会主义法治与人文关怀具有高度一致性，人文关怀是社会主义法治的重要特征，社会主义法治是人文关怀的可靠保证。中国特色社会主义进入新时代，国家经济实力大幅跃升，中国特色社会主义制度更加成熟更加定型，社会主义法治建设取得举世瞩目的巨大成就。与此同时，人民群众需求的多元化愈发明显，权利意识越来越强，迫切希望法治的人权保障机能进一步彰显，以增强法治的温度。

一、在法律条款中体现人文关怀

以良法促发展、保障善治。[1] 良法的存在是法治的基础性和关键性环节，而良法的基本条件就是要符合自由和公平这两大基本价值。马克思有一段精辟的论断："如果认为在立法者偏

---

① 习近平：《高举中国特色社会主义伟大旗帜 为全面建设社会主义现代化国家而团结奋斗——在中国共产党第二十次全国代表大会上的报告》，《人民日报》2022 年 10 月 26 日。

私的情况下可以有公正的法官，那简直是愚蠢而不切实际的幻想！既然法律都是自私自利的，那么大公无私的判决还能有什么意义呢？法官只能够丝毫不苟地表达法律的自私自利，司法只能够无条件地执行它。在这种情形下，公正是判决的形式，但不是它的内容，内容早已被法律所否定。”[①]

任何立法活动的基本出发点和归宿，都是维护一定阶级的经济利益、政治利益和文化利益等。我国是人民民主专政的社会主义国家，人民是国家和社会的主人，人文关怀中的“人”，首先指的就是广大人民群众。所有法律的制定、修改、废除和解释，都应从维护人民的根本利益出发，关注和保护人民的人身自由、民主权利等利益诉求，这是马克思主义法学的基本立场。强化人文关怀就是要适应时代的发展要求和人民利益要求的变化，加强新法律法规的出台，及时对不符合人民利益的法令进行修改或废除，以最大限度保护人民权利。

我国经历了漫长的封建社会，在封建制度下，广大人民群众所能享受到的权利是极其有限的，从本质上讲，人民群众只是封建统治者统治、驾驭的对象。新中国成立以后，人权保护的理念在我国法律规范和实践中逐步得到了一定的体现。改革开放以后，我国虽然在人权保护方面做了诸多立法工作，实践

① (奥)凯尔森，沈宗灵译：《法与国家的一般理论》，中国大百科全书出版社 1996 年版，第 6 页。

中也取得了许多进步，但与人权保护的原则尤其是人权保护的国际惯例相比仍然有一定的差距，需要大力强化人权保护立法。进入新世纪后，我国在人权保护法律的修改和废除方面有了显著进步。例如，2003 年，《城市生活无着的流浪乞讨人员救助管理办法》的出台，就充分体现了这一点。

2003 年 3 月 17 日晚上，刚到广州达奇服装公司工作一个月的孙志刚在去网吧上网的路上，因没有办理暂住证，被派出所民警限制人身自由，强制当作“三无人员”[①]送往收容人员救助站。在救助站，因孙志刚呼喊求助声音较大，在监管人员的授意指使下，其遭到 8 名被收容人员的两度殴打后死亡。事件被媒体曝光后，案件迅速得到了公正处理，相关涉案和渎职工作人员被严肃处理。

在媒体推动下，孙志刚事件引发社会各界对收容遣送制度本身合法合理性的热议。1982 年制定的《城市流浪乞讨人员收容遣送办法》，本意是对涌入城市的无业人员和灾民进行救治，具有一定的社会福利性质，对于维护城市秩序和城市形象具有积极意义。但在具体执行中，一些城市为了社会稳定，随意将未及时办理城市暂住证、未随身携带身份证等公民强制收容，限制外来人口流动，在一定程度上侵犯了公民的人身自由、迁

① 根据 1992 年国务院《关于收容遣送工作改革问题的意见》规定：“三无人员”指无合法证件、无固定住所、无稳定收入者。

徙自由和人格尊严。

在媒体的关注和法律工作者的呼吁下，2003 年 6 月 20 日，国务院公布《城市生活无着的流浪乞讨人员救助管理办法》，自 2003 年 8 月 1 日起正式施行，实施 21 年的《城市流浪乞讨人员收容遣送办法》同时废止。

从孙志刚案件开始，中国社会法治建设一直贯穿着一条主线：革除制度性弊端，关注普通人的权利。2003 年 8 月 7 日，公安部推出 30 条便民利民措施，大多围绕人们的衣食住行展开，看似“小”，对普通百姓日常生活的影响却很大：被判处有期徒刑、被决定劳动教养人员的户口不再被注销，新出生婴儿的常住户口登记可以随父或随母自愿选择，考取驾照的年龄上限放宽至 70 周岁……限制的成分愈少，自由的成分愈多，权利的保障愈加充分，权利的行使愈加顺畅。[①]2004 年 3 月 14 日，“国家尊重和保障人权”明确写入宪法，成为我国根本大法的一项重要原则，体现了社会主义民主的本质要求。

对特殊弱势群体的关注也是立法活动强化人文关怀的重要体现，法律援助就是其中一项非常重要的制度设计。法律援助是国家保障经济困难的公民和特殊案件的当事人获得必要的无偿法律服务，以维护当事人合法权益、维护法律正确实施和社会公平正义的一项重要法律制度。作为一项重要的民生工程，

① 杨金志：《法治的人文关怀》，《光明日报》2003 年 12 月 5 日。

法律援助体现了国家对公民的责任和义务。[①]

2003年，国务院出台第一部关于法律援助的行政法规——《法律援助条例》。从此，由政府出资出力为无钱打官司的特殊群体“埋单”，解决了司法援助从无到有的问题，对于保护特定人群利益、维护司法公正具有重要意义。

2012年，面对国家民主法制建设的推进和人民群众法制观念的增强，第十一届全国人大第五次会议通过了《中华人民共和国刑事诉讼法》修正案，进一步完善刑事法律援助制度。这极大地推动人民群众对于刑事法律援助制度重要性的认识，标志着法律援助立法“从有到优”的重大进步。

2016年，最高人民法院印发《关于加强和规范人民法院国家司法救助工作的意见》，同年9月18日，最高人民法院设立司法救助委员会，地方各级人民法院也相继成立司法救助委员会。

2018年《中华人民共和国刑事诉讼法》再次修正，建立人民法院、检察院、看守所等司法机关值班律师制度，打通了法律援助的“最后一公里”，为无辩护律师或辩护人的犯罪嫌疑人、被告人提供最低限度的法律帮助，确保诉讼权落到实处。

2019年，《人民法院国家司法救助案件办理程序规定（试

① 胡铭：《法律援助的中国模式及其改革》，浙江大学学报（人文社会科学版），2017年第2期。

行）》颁行，对案件受理、救助范围、救助程序、救助标准、经费保障、资金发放等做了统一规定。2016—2021 年，全国各级人民法院共计司法救助 4 万人，发放救助金 9.2 亿元。[①]

2022 年 1 月 1 日起，《中华人民共和国法律援助法》正式施行，从国家层面为壮大援助力量、丰富服务形式、规范受援范围等提供了有力的制度保障。

二、在依法行政中彰显人文关怀

法律的生命力在于执行。法律条款是一种可能性的规定，蕴含在法律条款中的人文关怀，只有通过执法者人性化的执法才能实现。任何法规制度都必须在执法者的作用下才能付诸实施。执法是联结立法和守法的中间环节，执法者的水平、执法的效果对法治中国的实现起着至关重要的作用。[②]行政机关作为掌握国家公共权力，直接与老百姓面对面打交道最多的执法机关，相关执法者要放下居高临下掌权者的姿态，在法律框架内理性、平和、文明地执法，适度减少执法的强制力，实现法律效果与社会效果的有机统一。

---

① 参见中华人民共和国最高人民法院：《中国法院的司法改革（2013—2022）》，人民法院出版社 2023 年版，第 27 页。

② 吕世伦，周世中：《以人为本与社会主义法治》，黑龙江美术出版社 2018 年版，第 121 页。

习近平总书记指出，“全面推进严格规范公正文明执法，加大关系群众切身利益的重点领域执法力度”[①]。长期以来，粗暴执法现象在有些地方依然存在。一谈到执法，很多老百姓脑海中可能就会闪现“严格执法”“铁面无私”等冰冷的法律条文，还有部分执法人员冷冰冰的面容和生硬的语言。其实，法律的刚性要求与执法过程宽严相济并不完全矛盾，一些特殊情况下具有人文关怀的执法，不仅能让民众满意而暖心，而且也与相关法规的初衷是一致的。

近年来各地城管、交警等部门文明执法赢得网友点赞的事实证明，符合法治精神的柔性执法，不仅不会影响法律的公正和权威，而且还会凸显出法治的温情。

2022 年 3 月 12 日，广州一位女交警街头温柔喊话维护交通秩序的视频走红，警花小姐姐面对没戴头盔的摩托车车主，温柔地喊话：“靓仔，要把头盔戴好，不然就一直跟着你。”不少网友评论说，好想来广州，就只为了听一句“靓仔”。这位警花小姐姐看似没有什么技术含量的执法语言，却在网上走红，原因何在？很重要的一条就是她用了老百姓爱听的话来执法。

2022 年 11 月 15 日，武汉经济技术开发区的两名城管执法

① 习近平：《高举中国特色社会主义伟大旗帜 为全面建设社会主义现代化国家而团结奋斗——在中国共产党第二十次全国代表大会上的报告》，《人民日报》2022 年 10 月 26 日。

员在马路边巡查时，发现一名摊贩用货车占道卖甘蔗，削落的甘蔗皮散落一地。见摊贩正在做生意，执法人员没有立刻打断他，而是主动让他先做完这单生意再上前执法。在攀谈中得知，该摊贩家庭困难，为了赚孩子上大学的学费来汉卖甘蔗，每天吃住都在小货车上。执法人员向他阐明城管法规，解释在主干道上占道经营是不允许的同时，还提醒摊贩夜间注意保暖，引导他到规定的地点售卖。两名执法队员还帮助转运货物，打扫现场垃圾。这段真实包容、共情执法的小视频上传网络后，引发网友热议，视频浏览量短时间内突破 3 亿次，赢得全国 800 多万网友的点赞和评论："这个城市很温暖""这样执法没争执、有关爱，这才是真正的和谐共生""这才是文明城市"……

从执法方式上讲，只要符合法律要求，达到执法目的，应该允许有不同方式存在。现实中，很多轻微交通违法行为的发生，大多并非故意为之。有的是因为不了解相关规定，有的则是不熟悉道路情况，如果都选择刚性执法，特别是"一刀切"地罚款扣分，则不免走向简单化，也很容易引起执法对象的反感甚至对抗，这就要求执法者必须回归到执法的根本目的上来。

新修订的《中华人民共和国行政处罚法》于 2021 年 7 月 15 日正式施行，这是该法实施近 25 年后的第三次修正。针对老百姓反映强烈的"一罚了之、一关了之"等处罚简单粗暴等问题，这次修订切实增强人文关怀，大力推行公正文明"柔性执法"，减少执法对抗，切实保护行政管理相对人的合法权益。在保留原有的“违法行为轻微并及时改正，没有造成危害后果的，不予行政处罚”的基础上，新的《行政处罚法》新增了“首违不罚”和“无过错不处罚”两种不予处罚的情形。

“首违不罚”主要适用于在部分区域、一定时间节点内的占道经营、散发张贴小广告、店外经营、流动摊点等10余种违反城市管理相关规定但情节轻微的违法行为。执行“首违不罚”需符合《行政处罚法》第三十三条规定的三个要件：初次违法、危害后果轻微、违法行为人及时改正，这三点必须同时具备，缺一不可。“无过错不处罚”主要适用于当事人有证据足以证明自身没有主观过错，也可不予行政处罚。实行“首违不罚”和“无过错不处罚”，旨在坚持警示教育在先、处罚整改在后，将刚性执法与柔性执法相结合，人性化服务贯穿行政处罚全过程，通过建立健全对行政相对人事前指导、风险提示、劝诫、约谈、回访等程序，做到让被处罚人心服口服。

三、在温情司法中保障人文关怀

社会主义法治的人文关怀不是以牺牲社会公正为代价的“泛人文关怀”，相反，公正与人文关怀共同构成了社会主义法治的重要特征。党的十八大以来的刑事司法改革中，有两道亮丽的风景线几乎在同步运行：一是司法公正被提到相当的高度来加以强调，二是人文关怀被当作显著的内容来加以提倡。

司法公正与人文关怀两者之间如何统一？换言之，对犯罪嫌疑人、被告人和犯罪人的人文关怀是否会影响到受害人和社会舆论对司法的信任？

答案是非常明确的，司法公正与人文关怀相辅相成，二者共同构成现代法治社会的重要特征。司法公正着眼于案件本身，致力于最大限度还原事实真相，绝不是简单地偏向受害人一方。人文关怀强调要重视犯罪嫌疑人、被告人和犯罪人的合法权益。在司法过程中贯彻人文关怀，受益的绝不是某一个犯罪嫌疑人或犯罪人，而是包括受害人在内的全体公民。

一个社会文明程度的高低，可以从这个社会对待犯罪人的态度上得到体现，从这个意义上讲，从本世纪初期开始，立足于人文关怀而涌动于司法领域的各项改革，正是保障公民合法权利，维护社会公平正义的重要防线。司法机关不仅要在起诉审讯中严格依照法定程序，“以事实为依据、以法律为准绳”，保护人民群众合法权益，同时还要坚持以人为本，在司法实践中贯彻和执行司法为民的思想，将人文关怀贯穿于整个司法实践中，这是公正司法的题中之义，也是司法工作的永恒主题。

党的十八大以来，我国司法系统不断提升司法为民水平，走出了一条中国特色司法为民之路，让人民群众在司法改革中有了更多获得感。

2016 年 6 月，最高人民法院印发《关于人民法院进一步深化多元化纠纷解决机制改革的意见》，确立“国家主导、司法推动、社会参与、多元并举、法治保障”的现代纠纷解决理念。最高人民法院、国家发展和改革委员会、公安部、民政部、司法部、人力资源和社会保障部、全国妇联等部门就人民调解、家事纠纷、劳动人事争议等领域联合发布 20 多个诉调对接文件。

2019 年 7 月，最高人民法院印发《关于建设一站式多元解纷机制一站式诉讼服务中心的意见》，推动形成中国特色纠纷解决和诉讼服务模式。据最高人民法院发布的《中国法院的司法改革（2013—2022）》显示，截至 2021 年年底，全国各级人民法院设置专门的诉调对接中心 3866 个，专门工作人员 26416 名，有效发挥了纠纷处理集散地、调度站和分流点的作用。

对特定群体加强司法保护，在特殊类型案件上探索新的司法处理方式，也是党的十八大以来司法改革的一个重点。人民检察院和人民法院聚焦未成年人、遭受家庭暴力的妇女、老年人、残障人士等特殊群体，在司法环节给予特殊关怀，着力解决他们不会、不敢、不善运用法律手段维护自身合法权益的问题。

支持起诉制度作为人民检察制度的重要组成部分，在帮助特殊群体维护自己权益方面发挥了很大作用。检察机关通过民事支持起诉制度，为寻求诉讼救济的特殊群体提供无偿法律帮助。各地检察机关通过加强与人民法院、公安机关、妇联、残联等单位的协同联动，在案件线索移送、协调提供司法援助等方面，共同凝聚维护特殊群体权益的合力。一些地方检察机关在指导民事支持起诉工作的同时，通过制发典型案例等方式，让众多潜在的需要救助的民事主体了解支持起诉制度，拓宽案件来源渠道，实现政治效果、法律效果、社会效果的有机统一。

从 2019 年到 2021 年年底，全国检察机关受理民事支持起诉案件数量逐年大幅上升，不仅有力保障了特殊群体合法权益，而且大大彰显了我国司法制度优势和人文关怀，促进了实质意义上的诉权平等。

未成年人是祖国的未来、民族的希望。党的十八大以来，全国司法系统坚决贯彻落实最有利于未成年人原则，以及特殊、优先、双向、全面保护的新时代少年司法理念。

2020 年 12 月，最高人民法院发布《关于加强新时代未成年人审判工作的意见》，巩固并强化新时代少年审判的专业化发展方向。2021 年 3 月，最高人民法院成立少年法庭工作办公室，负责综合统筹全国未成年人审判指导工作，同时在 6 个巡回法庭设立“少年法庭巡回审判点”。

一方面，对于侵害未成年人合法权益的违法犯罪行为，司法机关坚持以“零容忍”态度重拳出击，从严惩治。2013 年至 2022 年 6 月，全国法院依法审结猥亵儿童、拐卖儿童、拐骗儿童、组织未成年人乞讨等侵害未成年人合法权益刑事案件 4.8 万件，惩处罪犯 4.97 万人，体现了对未成年人的特殊、优先保护。[①]在处理案件过程中，司法机关会同公安机关、妇联等推行“一站式”询问、救助机制，避免反复询问取证对未成年人造成“次生伤害”。针对一些未成年人遭受犯罪侵害后家庭生活陷入困境，专门出台检察政策，加强司法救助工作。这一系列司法措施，有效地帮助了未成年被害人从遭受侵害的阴影中走出来。

另一方面，对于未成年人犯罪，各级司法机关坚持教育为主、惩罚为辅的方针，最大限度挽救涉罪未成年人。针对涉罪未成年人心智还不成熟、人格尚未定型的特点，检察机关贯彻教育、感化、挽救方针，既坚持依法惩戒，又注重教育转化，力促迷途知返，力阻重新犯罪。对于主观恶性深、犯罪手段残忍、造成后果严重的未成年人，坚决依法惩治，绝不一味纵容，既让涉罪未成年人感受法治威严，也警示教育社会。

2022 年，未成年人犯罪不捕率、不诉率分别为 68.5%、59.9%，高出整体刑事犯罪不捕率、不诉率 24.8 个、32.5 个百

① 参见中华人民共和国最高人民法院：《中国法院的司法改革（2013—2022）》，人民法院出版社 2023 年版，第 37 页。

分点，较 2018 年上升 34.4 个、36.9 个百分点。[①]

2013 年至 2022 年 6 月，全国法院共判处未成年罪犯 37.9 万人，占全部刑事罪犯的 2.89%，其中，非监禁刑适用比例达 30% 以上。未成年罪犯从 2013 年的 5.58 万人减少到 2021 年的 3.5 万人，占全部刑事罪犯的比例由 4.82% 降低至 2.02%，实现了少年审判矫治和预防犯罪的功能。[②]

四、在全民守法中强化人文关怀

人民群众真诚的法治信仰是建设法治中国的精神支撑和不竭动力。一个 14 亿多人口的大国，如何使人民群众真正尊法、信法、守法、用法、护法，是世界法治史上独一无二的难题。

习近平总书记指出："全民守法，就是任何组织或者个人都必须在宪法和法律范围内活动，任何公民、社会组织和国家机关都要以宪法和法律为行为准则，依照宪法和法律行使权利或权力、履行义务或职责。"[③]

作为全面依法治国的基础性工程，全民守法直接关系到法

① 参见最高人民检察院：《深化未成年人综合司法保护新闻发布稿》，最高人民检察院网 2023 年 3 月 1 日。

② 参见中华人民共和国最高人民法院：《中国法院的司法改革（2013—2022）》，人民法院出版社 2023 年版，第 37 页。

③ 习近平：《论坚持全面依法治国》，中央文献出版社 2020 版，第 23—24 页。

治社会和法治国家的实现。亚里士多德曾说:“虽有良法，要是人民不能全都遵守，仍不能实现法治。”这句名言深刻而直接地道出了全民守法的重要性。受中华传统文化的影响，人情在我国社会交往中扮演着重要的角色，上下级、亲戚朋友、老战友、老同事、老同学关系比较融洽，逢事喜欢讲个熟门熟道，但如果人情介入了法律和权力领域，就会带来问题，甚至带来严重问题。

当然，中国特色社会主义法治建设中的全民守法，绝不是生搬硬套某些现成的做法和经验，而是根据我国国情，吸收中华法文化的优良基因，强化人文关怀，充分体现社会主义法治的优越性。

在制度安排上，注重引导广大人民群众从信“访”到信“法”的转变。受传统“耻讼”“息讼”观念的影响，不少中国老百姓心中信“访”不信“法”，遇事首先想到的办法是上访，找政府、找领导，而不是寻求法律的帮助。这种挥之不去的“青天情结”，不仅在相当长一段时间内使各级政府疲于应付各种本该由法律解决的问题，而且加剧了老百姓对法律的疏离感。

2013 年以来，党中央大力推行涉法涉诉信访工作改革，中共中央办公厅、国务院办公厅联合印发《关于依法处理涉法涉诉信访问题的意见》，实行诉讼与信访分离制度，把涉法涉诉信访从普通信访事项中分离出去，导入司法渠道，由司法机关按照法律程序处理。这一制度实施后，越来越多的信访群众选择司法渠道反映和解决问题，涉法涉诉类问题在党政信访部门接访总量中的比例明显下降，而司法机关的接访量明显上升。由信“访”不信“法”到遇事找法的转变，是全民守法不断深入的社会信号。

在法律服务上，注重构建便捷高效的为民体系。由于城乡和地区发展不平衡等原因，我国法律资源分布不均衡的情况仍然普遍存在，在经济发达地区特别是大中城市，律师、公证、司法鉴定等各种法律服务资源较多且质量较高，广大基层尤其偏远地区的群众则面临着找律师难、做公证难、做司法鉴定难等困境。

党的十八届四中全会就推进覆盖城乡居民的公共法律服务体系建设作出部署，司法部印发《关于推进公共法律服务体系建设的意见》，提出覆盖城乡的公共法律服务网络进一步健全完善、公共法律服务能力显著提升、群众满意度明显提高的奋斗目标。

2019 年，中共中央办公厅、国务院办公厅印发《关于加快推进公共法律服务体系建设的意见》，提出到 2022 年，基本形成覆盖城乡、便捷高效、均等普惠的现代公共法律服务体系。到 2035 年，基本形成与法治国家、法治政府、法治社会基本建成目标相适应的公共法律服务体系。

无律师县正在逐步消失，集律师、公证、司法鉴定、人民调解等功能于一体的公共法律服务大厅越来越多，公证处巡回办证、蹲点办证日益普及，“12348”免费法律咨询服务热线不断完善……党的十八大以来，公共法律服务供给不足的短板正在逐渐补齐，普通老百姓在家门口就能获得所需要的法律帮助。

在环境营造上，注重构筑诚实守信受益的体制机制。在我国的传统文化中，虽然诸子百家学说各异，但高度一致地推崇诚实守信，并常常将之看作为人、为政的基本道德操守进行阐释。守诚信可以说是中华民族在长期实践中培育和形成的一种独特的思想理念和道德规范。

市场经济条件下，市场主体追求特殊利益或私人利益最大化的内在驱动力，使得诚信缺失问题在一段历史时期内比较突出。党的十八大以来，国家通过出台一系列政策“组合拳”，把存在严重失信行为的企业和个人纳入“黑名单”，在信用评级、企业投资、银行贷款、个人信用消费等方面出“黄牌”、亮“红灯”，让当事人一处失信，处处受限，“失信”问题逐步得到缓解。与此同时，对诚实守信的行为进行激励和褒奖，正在与失信惩戒一起，成为法治社会信用体系建设的一体两面。当前，各地也纷纷“试水”守信激励机制，让诚实守信的企业和个人得到实实在在的好处。

2021 年 3 月 15 日，浙江省湖州市发布以信用承诺和履约践诺为核心的个人诚信码评价机制，旨在使诚实守信的市民享受与其诚信度相匹配的优惠与便利，积极营造社会“知信、用信、守信”的浓厚氛围。截至 2023 年 2 月，普惠人群达到近 4 万余人（次），减免各类费用达 400 万元，其中发放个人信用贷款 728 人，贷款金额 5634 万元，利率优惠 44.3 万元。[①]

《经济日报》2023 年 3 月 22 日报道：河北唐山出台 22 项激励诚信纳税人的政策，包括给予申请纳税信用贷、单次领取 3 个月的增值税发票用量、申办留抵退税、开辟绿色通道等。为了缓解诚信纳税人的资金压力，唐山市税务部门 2022 年共为 A 级（信用最高等级）和 B 级（信用次高等级）纳税人办理增值税期末留抵退税 200.86 亿元，极大缓解了企业资金压力和困难。唐山市税务局还与 16 家银行联合签订了“征信互认 银税互动”合作协议，依据纳税信用评价结果为纳税人提供信用贷款，全年累计为 15298 户纳税人提供 84.26 亿元纳税信用贷款，有效助力企业纾困解难。

① 湖州市信用办：《以诚践诺 以信惠民——湖州构建“承诺 + 践诺”信用惠民激励机制》，浙江省信用中心网 2023 年 6 月 2 日。

后　记

作为世界文明发展最早的国家之一，我国法治文明的历史源远流长。早在春秋战国时期，我国就有了自成体系的成文法典，汉唐时期形成了比较完备的法典。天理、国法、人情相融合的中华法系特色鲜明，凝聚了中华民族的精神和智慧，彰显了中华法治文明的深厚底蕴，使中华法系在世界法治史上独树一帜。

本书着眼中华法治文明的优秀思想和理念，在系统收集和科学梳理权威史料的基础上，力求客观展现中华传统法律文化中的道德、政治、伦理等理念，刻画中华法治文明既强调修身、齐家、治国、平天下，又寻求自然与社会和谐的独具匠心设计。

本书主编为官蕊，副主编为冯瑾、胡晓蓓。各部分的撰稿人依次为：第一章，冯瑾；第二章，朱茜、王加雨；第三章，胡晓蓓；第四章，冯源；第五章，龚圆敬；第六章，龙峰。全书由官蕊统稿。

本书在撰写过程中，参考借鉴了众多国内同行、权威专家学者的研究成果，恕不一一列举，在此一并深表谢意。由于作者水平有限，本书难免有疏漏及不足之处，敬请读者朋友予以指正。

作　者

2023 年 3 月